MG새마을금고

일반직 6급 필기전형

NCS 직업기초능력평가

	영 역	의사소통능력, 수리능력, 문제해결능력, 조직이해능력, 대인관계능력
제 3 회	문항수	총 40문항
	시 간	40분
	비 고	객관식 5지선다형

SEOWONGAK

(주)서원각

제3회 NCS 직업기초능력평가 모의고사

문항수 : 40문항
시 간 : 40분

1. 다음 ( ) 안에 들어갈 알맞은 단어를 고르면?

> 나와 부모님은 가끔씩 의견이 ( ).

① 다르다
② 틀리다
③ 차이가 있다
④ 비슷하다
⑤ 유사하다

2. 문맥상 의미가 ㉠과 가장 가까운 것은?

> 제조물의 결함으로 손해가 발생한 경우에 제조업자는 다음 중 어느 하나를 입증하면 손해 배상 책임을 면할 수 있다. 첫째, 제조업자가 해당 제조물을 공급하지 아니한 사실, 둘째, 제조업자가 해당 제조물을 공급한 때의 과학·기술 수준으로는 결함의 존재를 발견할 수 없었다는 사실, 셋째, 제조업자가 해당 제조물을 공급할 당시의 법령이 정하는 기준을 준수함으로써 제조물의 결함이 발생한 사실 등이다. 그밖에 원재료 또는 부품 제조업자의 경우에는 해당 원재료 또는 부품을 사용한 제조물 제조업자의 설계 또는 제작에 관한 지시로 인하여 결함이 발생하였다는 사실을 입증하면 책임을 지지 않아도 된다. 그러나 면책 사유에 해당하더라도 제조업자가 제조물의 결함을 ㉠알면서도 적절한 피해 예방 조치를 하지 않은 경우, 또는 주의를 기울였다면 충분히 알 수 있었을 결함을 발견하지 못한 경우에는 책임을 피할 수 없다.

① 이 문제는 당신이 알아서 처리해야 한다.
② 밖으로 나와서야 날씨가 추운 것을 알았다.
③ 그녀는 차는 없었지만 운전을 할 줄 알았다.
④ 그 사람은 공부만 알지 세상 물정을 통 모른다.
⑤ 그녀는 그의 사랑 고백을 농담으로 알고 지나쳤다.

3. 다음 글에서 추론할 수 없는 내용은?

> 정치 철학자로 알려진 아렌트 여사는 우리가 보통 '일'이라 부르는 활동을 '작업'과 '고역'으로 구분한다. 이 두 가지 모두 인간의 노력, 땀과 인내를 수반하는 활동이며, 어떤 결과를 목적으로 하는 활동이다. 그러나 전자가 자의적인 활동인 데 반해서 후자는 타의에 의해 강요된 활동이다. 전자의 활동을 창조적이라 한다면 후자의 활동은 기계적이다. 창조적 활동의 목적이 작품 창작에 있다면, 후자의 활동 목적은 상품 생산에만 있다.

① 고역은 인간적으로 수용될 수 없는 물리적 혹은 정신적 조건 하에서 이루어지는 일이다.
② 고역으로서의 일의 가치는 부정되어야 한다.
③ 고역으로서의 일은 정신적으로도 풍요로운 생활을 위한 도구적 기능을 담당한다.
④ 일을 작업으로 볼 때 일은 찬미되고 격려될 수 있다.
⑤ 작업으로서의 일은 귀중한 가치라고 볼 수 있다.

4. 다음 글을 순서에 맞게 논리적으로 배열한 것은?

> ㉠ 그런데 문제는 정도에 지나친 생활을 하는 사람을 보면 이를 무시하거나 핀잔을 주어야 할 텐데, 오히려 없는 사람들까지도 있는 척하면서 그들을 부러워하고 모방하려고 애쓴다는 사실이다. 이러한 행동은 '모방 본능' 때문에 나타난다. 모방 본능은 필연적으로 '모방 소비'를 부추긴다.
>
> ㉡ 과시 소비란 자신이 경제적 또는 사회적으로 남보다 앞선다는 것을 여러 사람들 앞에서 보여 주려는 본능적 욕구에서 나오는 소비를 말한다.
>
> ㉢ 모방소비란 내게 꼭 필요하지도 않지만 남들이 하니까 나도 무작정 따라 하는 식의 소비이다. 이는 마치 남들이 시장에 가니까 나도 장바구니를 들고 덩달아 나서는 격이다. 이러한 모방 소비는 참여하는 사람들의 수가 대단히 많다는 점에서 과시 소비 못지않게 큰 경제 악이 된다.
>
> ㉣ 요사이 우리 주변에는 남의 시선은 전혀 의식하지 않은 채 나만 좋으면 된다는 식의 소비 행태가 날로 늘어나고 있다. 이를 가리켜 흔히 우리는 '과소비'라는 말을 많이 사용하는데, 경제학에서는 과소비와 비슷한 말로 '과시 소비'라는 용어를 사용한다.

① ㄴㄹㄱㄷ
② ㄴㄹㄷㄱ
③ ㄹㄴㄷㄱ
④ ㄹㄴㄱㄷ
⑤ ㄹㄷㄱㄴ

5. 다음 밑줄 친 단어와 일맥상통하는 단어를 바르게 고른 것은?

> 구설수도 많았던 것이 사실이지만 우리가 이룩한 업적은 그동안의 피땀 흘린 노력과 서로 <u>비기고도</u> 남는 것이었다.

① 보상
② 보충
③ 보완
④ 상쇄
⑤ 보조

6. 다음의 주장을 비판하기 위한 근거로 적절하지 않은 것은?

> 영어는 이미 실질적인 인류의 표준 언어가 되었다. 따라서 세계화를 외치는 우리가 지구촌의 한 구성원이 되기 위해서는 영어를 자유자재로 구사할 수 있어야 한다. 더구나 경제 분야의 경우 국가 간의 경쟁이 치열해지고 있는 현재의 상황에서 영어를 모르면 그만큼 국가가 입는 손해도 막대하다. 현재 우리나라가 영어 교육을 강조하는 것은 모두 이러한 이유 때문이다. 따라서 우리가 세계 시민의 일원으로 그 역할을 다하고 우리의 국가 경쟁력을 높여가기 위해서는 영어를 국어와 함께 우리 민족의 공용어로 삼는 것이 바람직하다.

① 한 나라의 국어에는 그 민족의 생활 감정과 민족정신이 담겨 있다.
② 외국식 영어 교육보다 우리 실정에 맞는 영어 교육 제도를 창안해야 한다.
③ 민족 구성원의 통합과 단합을 위해서는 단일한 언어를 사용하는 것이 바람직하다.
④ 세계화는 각 민족의 문화적 전통을 존중하는 문화 상대주의적 입장을 바탕으로 해야 한다.
⑤ 경제인 및 각 분야의 전문가들만 영어를 능통하게 구사해도 국가 간의 경쟁에서 앞서 갈 수 있다.

7. 다음 글에서 아래의 주어진 문장이 들어가기에 가장 알맞은 곳은?

> (개) 요즘 우리 사회에서는 정보화 사회에 대한 논의도 활발하고 그에 대한 노력도 점차 가속화되고 있다. (내) 정보화 사회에 대한 인식이나 노력의 방향이 잘못되어 있는 경우가 많다. (대) 정보화 사회의 본질은 정보기기의 설치나 발전에 있는 것이 아니라 그것을 이용한 정보의 효율적 생산과 유통, 그리고 이를 통한 풍요로운 삶의 추구에 있다. (래) 정보기기에 급급하여 이에 종속되기보다는 그것의 효과적인 사용이나 올바른 활용에 정보화 사회에 개한 우리의 논의가 집중되어야 할 것이다. (매)

> 대부분의 사람들은 정보기기를 구입하고 이를 설치해 놓는 것으로 마치 정보화 사회가 이루어지는 것처럼 여기고 있다.

① (개)
② (내)
③ (대)
④ (래)
⑤ (매)

8. 다음 중 (A)가 들어갈 위치로 가장 적절한 것은?

> (A) 일어난 일에 대한 묘사는 본 사람이 무엇을 중요하게 판단하고, 무엇에 흥미를 가졌느냐에 따라 크게 다르다.

> 기억이 착오를 일으키는 프로세스는 인상적인 사물을 받아들이는 단계부터 이미 시작된다. (개) 감각적인 지각의 대부분은 무의식 중에 기록되고 오래 유지되지 않는다. (내) 대개는 수 시간 안에 사라져 버리며, 약간의 본질만이 남아 장기 기억이 된다. 무엇이 남을지는 선택에 의해서이기도 하고, 그 사람의 견해에 따라서도 달라진다. (대) 분주하고 정신이 없는 장면을 보여 주고, 나중에 그 모습에 대해서 이야기하게 해보자. (래) 어느 부분에 주목하고, 또 어떻게 그것을 해석했는지에 따라 즐겁기도 하고 무섭기도 하다. (매) 단순히 정신 사나운 장면으로만 보이는 경우도 있다. 기억이란 원래 일어난 일을 단순하게 기록하는 것이 아니다.

① (개)
② (내)
③ (대)
④ (래)
⑤ (매)

9. 다음에서 일정한 규칙을 찾아 빈칸에 들어갈 알맞은 숫자를 바르게 고른 것은?

> 10 13 22 49 130 (   ) 1102

① 364

② 367

③ 370

④ 373

⑤ 376

10. 비가 온 다음 날 비가 올 확률은 $\dfrac{1}{3}$ 이고, 비가 오지 않은 다음 날 비가 올 확률은 $\dfrac{1}{4}$ 이다. 수요일에 비가 왔을 때, 금요일에 비가 올 확률은?

① $\dfrac{1}{9}$

② $\dfrac{1}{6}$

③ $\dfrac{2}{9}$

④ $\dfrac{5}{18}$

⑤ $\dfrac{7}{18}$

11. 가로가 600cm, 세로가 500cm인 거실의 넓이는 몇 m^2인가?

① $0.03m^2$

② $0.3m^2$

③ $3m^2$

④ $30m^2$

⑤ $300m^2$

12. A기업에서 매년 3월에 정기 승진 시험이 있다. 시험을 응시한 사람이 남자사원, 여자사원을 합하여 100명이고 시험의 평균이 남자사원은 72점, 여자사원은 76점이며 남녀 전체평균은 73점일 때 시험을 응시한 여자사원의 수는?

① 25명

② 30명

③ 35명

④ 40명

⑤ 45명

13. 어느 기차역에서 대전행 열차는 12분, 대구행 열차는 27분 간격으로 출발한다. 오전 9시에 두 열차가 동시에 출발하였다고 할 때, 다시 동시에 출발하는 시각은?

① 오전 9시 36분

② 오전 9시 52분

③ 오전 10시 48분

④ 오후 12시 36분

⑤ 오후 13시 48분

14. 의자에 5명씩 앉으면 의자에 모두 앉은 채로 1명이 남고, 의자에 6명씩 앉으면 의자 11개가 완전히 빈 채로 3명이 서 있었다. 의자의 개수는?

① 60개

② 61개

③ 62개

④ 63개

⑤ 64개

15. 다음 표는 어느 학교의 두 동아리 A, B의 남학생 수와 여학생 수를 나타낸 것이다.

동아리 \ 구분	남학생(명)	여학생(명)	합계(명)
A	8	16	24
B	12	12	24

여름방학이 지난 후 두 동아리 A, B의 변동된 학생 수에 대한 내용은 다음과 같을 때 $x+y$의 값을 구하면?

> (가) 동아리 A에서는 남학생 x명이 새로 가입하여 동아리 A의 학생 중에서 남학생의 비율이 $y\%$가 되었다.
> (나) 동아리 B에서는 여학생 x명이 탈퇴하여 동아리 B의 학생 중에서 남학생의 비율이 $(y+25)\%$가 되었다.

① 38
② 48
③ 58
④ 68
⑤ 78

16. 다음은 A은행 ○○지점 직원들의 지난 달 상품 신규 가입 실적 현황을 나타낸 자료이다. 이에 대한 설명으로 옳은 것을 모두 고른 것은?

구분 \ 직원	A	B	C	D	E	F
성별	남	남	여	남	여	남
실적(건)	0	2	6	4	8	10

> ㉠ 직원들이 평균 실적은 5건이다.
> ㉡ 남자면서 실적이 5건 이상인 직원 수는 전체 남자 직원 수의 50% 이상이다.
> ㉢ 실적이 2건 이상인 남자 직원의 수는 실적이 4건 이상인 여자 직원의 수의 2배 이상이다.
> ㉣ 여자 직원이거나 실적이 7건 이상인 직원 수는 전체 직원 수의 50% 이상이다.

① ㉠, ㉡
② ㉠, ㉢
③ ㉠, ㉣
④ ㉡, ㉢
⑤ ㉡, ㉣

17. 가상의 나라인 '단어국'에서는 영어 알파벳(A~Z까지 26개 문자)을 문자로 차용하여, 〈보기〉의 여섯 가지 규칙을 만족하는 알파벳 문자열만을 단어로 사용한다고 한다. 이 나라에서 사용되는 단어 중 가장 긴 단어는 몇 자로 이루어지는가? (단, 이 나라 알파벳에서 모음은 A, E, I, O, U뿐이며, 나머지 문자는 모두 자음이다.)

> 〈보기〉
> • 모든 단어에서 사용된 문자의 개수는 홀수이다.
> • 자음은 세 개 이상 연달아 나타날 수 없다.
> • 한 단어에 같은 모음은 많아야 두 번 나올 수 있다.
> • 모든 단어는 모음 혹은 D, N, T로 시작한다.
> • 모든 단어는 모음 혹은 R, S, T로 끝난다.
> • 모든 단어에 적어도 하나의 모음은 포함된다.

① 27
② 28
③ 29
④ 31
⑤ 33

18. M사의 총무팀에서는 A 부장, B 차장, C 과장, D 대리, E 대리, F 사원이 각각 매 주말마다 한 명씩 사회봉사활동에 참여하기로 하였다. 이들이 다음에 따라 사회봉사활동에 참여할 경우, 두 번째 주말에 참여할 수 있는 사람으로 짝지어진 것은?

> 1. B 차장은 A 부장보다 먼저 봉사활동에 참여한다.
> 2. C 과장은 D 대리보다 먼저 봉사활동에 참여한다.
> 3. B 차장은 첫 번째 주 또는 세 번째 주에 봉사활동에 참여한다.
> 4. E 대리는 C 과장보다 먼저 봉사활동에 참여하며, E 대리와 C 과장이 참여하는 주말 사이에는 두 번의 주말이 있다.

① A 부장, B 차장
② D 대리, E 대리
③ E 대리, F 사원
④ B 차장, C 과장, D 대리
⑤ E 대리

19. 다음 글의 내용이 모두 참일 때 반드시 참인 것만을 모두 고른 것은?

A부서에서는 올해부터 직원을 선정하여 국외 연수를 보내기로 하였다. 선정 결과 동근, 현구, 상민이 미국, 중국, 프랑스에 한 명씩 가기로 하였다. A부서에 근무하는 갑 ~ 정은 다음과 같이 예측을 하였다.

갑 : 동근씨는 미국에 가고 현구씨는 프랑스에 갈 거야.
을 : 현구씨가 프랑스에 가지 않으면, 동근씨는 미국에 가지 않을 거야.
병 : 현구씨가 프랑스에 가고 상민씨가 중국에 가는 그런 경우는 없을 거야.
정 : 상민씨는 중국에 가지 않고 동근씨는 미국에 가지 않을 거야.

하지만 을의 예측과 병의 예측 중 적어도 한 예측은 그르다는 것과 네 예측 중 두 예측은 옳고 나머지 두 예측은 그르다는 것이 밝혀졌다.

ㄱ 동근씨는 미국에 간다.
ㄴ 현구씨는 프랑스에 가지 않는다.
ㄷ 상민씨는 중국에 가지 않는다.

① ㄱ
② ㄴ
③ ㄱ, ㄷ
④ ㄴ, ㄷ
⑤ ㄱ, ㄴ, ㄷ

20. 다음 명제가 모두 참일 때 항상 옳은 것은?

• 예금 메뉴를 이용하는 모든 고객은 조회 메뉴를 이용한다.
• 조회 메뉴를 이용하는 어떤 고객은 이체 메뉴를 이용한다.
• 펀드 메뉴를 이용하는 모든 고객은 조회 메뉴를 이용한다.
• 펀드 메뉴와 예금 메뉴를 둘 다 이용하는 고객이 있다.

① 이체 메뉴를 이용하는 모든 고객은 예금 메뉴를 이용하지 않는다.
② 펀드 메뉴를 이용하는 어떤 고객은 이체 메뉴를 이용한다.
③ 예금 메뉴, 조회 메뉴, 펀드 메뉴를 모두 이용하는 고객이 있다.
④ 예금 메뉴를 이용하는 고객 중에는 이체 메뉴를 이용하는 고객이 있다.
⑤ 조회 메뉴를 이용하는 어떤 고객은 펀드 메뉴를 이용하지 않는다.

21. 다음 주어진 조건을 모두 고려했을 때 옳은 것은?

〈조건〉
• A, B, C, D, E의 월급은 각각 10만 원, 20만 원, 30만 원, 40만 원, 50만 원 중 하나이다.
• A의 월급은 C의 월급보다 많고, E의 월급보다는 적다.
• D의 월급은 B의 월급보다 많고, A의 월급도 B의 월급보다 많다.
• C의 월급은 B의 월급보다 많고, D의 월급보다는 적다.
• D는 가장 많은 월급을 받지는 않는다.

① 월급이 세 번째로 많은 사람은 A이다.
② E와 C의 월급은 20만 원 차이가 난다.
③ B와 E의 월급의 합은 A와 C의 월급의 합보다 많다.
④ 월급이 제일 많은 사람은 E이다.
⑤ 월급이 가장 적은 사람은 C이다.

22. 다음은 영업사원인 윤석씨가 오늘 미팅해야 할 거래처 직원들과 방문해야 할 업체에 관한 정보이다. 다음의 정보를 모두 반영하여 하루의 일정을 짠다고 할 때 순서가 올바르게 배열된 것은? (단, 장소 간 이동 시간은 없는 것으로 가정한다)

〈거래처 직원들의 요구 사항〉
• A거래처 과장 : 회사 내부 일정으로 인해 미팅은 10시~12시 또는 16~18시까지 2시간 정도 가능합니다.
• B거래처 대리 : 12시부터 점심식사를 하거나, 18시부터 저녁식사를 하시죠. 시간은 2시간이면 될 것 같습니다.
• C거래처 사원 : 외근이 잡혀서 오전 9시부터 10시까지 1시간만 가능합니다.
• D거래처 부장 : 외부일정으로 18시부터 저녁식사만 가능합니다.

〈방문해야 할 장소와 가능시간〉
• E서점 : 14~18시, 소요시간은 2시간
• F은행 : 12~16시, 소요시간은 1시간
• G미술관 관람 : 하루 3회(10시, 13시, 15시), 소요시간은 1시간

① C거래처 사원 – A거래처 과장 – B거래처 대리 – E서점 – G미술관 – F은행 – D거래처 부장
② C거래처 사원 – A거래처 과장 – F은행 – B거래처 대리 – G미술관 – E서점 – D거래처 부장
③ C거래처 사원 – G미술관 – F은행 – B거래처 대리 – E서점 – A거래처 과장 – D거래처 부장
④ C거래처 사원 – A거래처 과장 – B거래처 대리 – F은행 – G미술관 – E서점 – D거래처 부장
⑤ C거래처 사원 – A거래처 과장 – G미술관 – B거래처 대리 – F은행 – E서점 – D거래처 부장

23. 다음 글에서 추론할 수 있는 내용만을 바르게 나열한 것은?

빌케와 블랙은 얼음이 녹는점에 있다 해도 이를 완전히 물로 녹이려면 상당히 많은 열이 필요함을 발견하였다. 당시 널리 퍼진 속설은 얼음이 녹는점에 이르면 즉시 녹는다는 것이었다. 빌케는 쌓여있는 눈에 뜨거운 물을 끼얹어 녹이는 과정에서 이 속설에 오류가 있음을 알게 되었다. 눈이 녹는점에 있음에도 불구하고 많은 양의 뜨거운 물은 눈을 조금밖에 녹이지 못했기 때문이다.

블랙은 1757년에 이 속설의 오류를 설명할 수 있는 실험을 수행하였다. 블랙은 따뜻한 방에 두 개의 플라스크 A와 B를 두었는데, A에는 얼음이, B에는 물이 담겨 있었다. 얼음과 물은 양이 같고 모두 같은 온도, 즉 얼음의 녹는점에 있었다. 시간이 지남에 따라 B에 있는 물의 온도는 계속해서 올라갔다. 하지만 A에서는 얼음이 녹으면서 생긴 물과 녹고 있는 얼음의 온도가 녹는점에서 일정하게 유지되었는데 이 상태는 얼음이 완전히 녹을 때까지 지속되었다. 얼음을 녹이는 데 필요한 열량은 같은 양의 물의 온도를 녹는점에서 화씨 140도까지 올릴 수 있는 정도의 열량과 같았다. 블랙은 이 열이 실제로 온도계에 변화를 주지 않기 때문에 이를 '잠열(潛熱)'이라 불렀다.

㉠ A의 온도계로는 잠열을 직접 측정할 수 없었다.
㉡ 얼음이 녹는점에 이르러도 완전히 녹지 않는 것은 잠열 때문이다.
㉢ A의 얼음이 완전히 물로 바뀔 때까지, A의 얼음물 온도는 일정하게 유지된다.

---

① ㉠
② ㉡
③ ㉠, ㉢
④ ㉡, ㉢
⑤ ㉠, ㉡, ㉢

---

24. 다음 조건이 참이라고 할 때 항상 참인 것을 고르면?

- 민수는 A기업에 다닌다.
- 영어를 잘하면 업무능력이 뛰어난 것이다.
- 영어를 잘하지 못하면 A기업에 다닐 수 없다.
- A기업은 우리나라 대표 기업이다.

① 민수는 업무능력이 뛰어나다.
② A기업에 다니는 사람들은 업무능력이 뛰어나지 못하다.
③ 민수는 영어를 잘하지 못한다.
④ 민수는 수학을 매우 잘한다.
⑤ 업무능력이 뛰어난 사람은 A기업에 다니는 사람이 아니다.

---

25. 다음은 A라는 기업의 조직도를 나타낸 것이다. 이러한 조직형태에 관한 내용 중 추론 가능한 내용으로 보기 가장 어려운 것은?

기업의 조직도는 조직의 부문편성, 직위의 상호관계, 책임과 권한의 분담, 명령의 계통 등을 한 눈에 볼 수 있도록 일목요연하게 나타낸 표를 의미한다. 기업 조직은 주어진 업무에 따라 조직을 여러 개로 나누어 체계적으로 구성하고 있는데 이를 조직구조의 분화라고 하며, 회사의 규모에 따라 조직의 크기 및 형태 등이 달라진다. 조직구조의 분화는 수평적·수직적 분화로 나눌 수 있으며, 특히 수직적 분화는 의사결정 권한을 하부조직에게 할당하는 것으로 보고체계를 명시화 할 수 있기 때문에 많은 기업에서 도입하고 있는 추세이다. 최근에는 조직구조가 전문화되고 기능별로 세분화됨에 따라 수평적 기능조직으로 변하고 있으며 이에 따라 조직도가 점차적으로 다양화되고 슬림화 및 네트워크화 되고 있다.

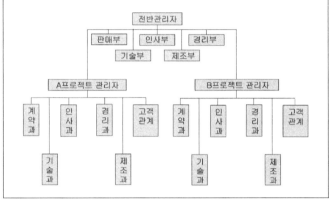

① 전문성 및 전문가 활용의 유용성이 높음과 동시에 부서 내 명확하게 정의되어진 책임 및 역할 등이 있다.
② 이러한 조직에서는 부서관점의 편협한 의사결정이 이루어질 수 있으며, 요구사항에 대한 대응이 느리다는 문제점이 있다.
③ 위 그림의 경우에는 특정한 사업 목표를 달성하기 위해 임시적으로 조직 내의 인적 및 물적 자원 등을 결합하는 조직의 형태라고 볼 수 있다.
④ 부서 간 책임분산으로 인해 통합 기능의 부재 및 갈등발생의 가능성이 없다.
⑤ 이러한 조직의 경우 해산을 전제로 하여 임시로 편성된 일시적 조직이며, 혁신적 및 비일상적인 과제의 해결을 위해 형성되는 동태적 조직이다.

■26～28 ■ 다음은 L기업의 회의록이다. 다음을 보고 물음에 답하시오.

〈회의록〉

일시	2015. 00. 00 10:00~12:00	장소	7층 소회의실
참석자	영업본부장, 영업1부장, 영업2부장, 기획개발부장 불참자(1명) : 영업3부장(해외출장)		
회의 제목	고객 관리 및 영업 관리 체계 개선 방안 모색		
의안	고객 관리 체계 개선 방법 및 영업 관리 대책 모색 - 고객 관리 체계 확립을 위한 개선 및 A/S 고객의 만족도 증진방안 - 자사 영업직원의 적극적인 영업활동을 위한 개선 방안		
토의 내용	㉠ 효율적인 고객관리 체계의 개선 방법 • 고객 관리를 위한 시스템 정비 및 고객관리 업무 전담 직원 증원이 필요(영업2부장) • 영업부와 기획개발부 간의 지속적인 제품 개선 방안 협의 건의(기획개발부장) • 영업 조직 체계를 제품별이 아닌 기업별 담당제로 전환(영업1부장) • 고객 정보를 부장차원에서 통합관리(영업2부장) • 각 부서의 영업직원의 고객 방문 스케줄 공유로 방문처 중복을 방지(영업1부장) ㉡ 자사 영업직원의 적극적인 영업활동을 위한 개선 방안 • 영업직원의 영업능력을 향상시키기 위한 교육프로그램 운영(영업본부장)		
협의 사항	㉠ IT본부와 고객 리스트 관리 프로그램 교체를 논의해보기로 함 ㉡ 인사과와 협의하여 추가 영업 사무를 처리하는 전담 직원을 채용할 예정임 ㉢ 인사과와 협의하여 연 2회 교육세미나를 실시함으로 영업교육과 프레젠테이션 기술 교육을 받을 수 있도록 함 ㉣ 기획개발부 및 홍보부와 협의하여 제품에 대한 자세한 이해와 매뉴얼 숙지를 위해 신제품 출시에 맞춰 영업직원을 위한 설명회를 열도록 함 ㉤ 기획개발부와 협의하여 주기적인 회의를 갖도록 함		

26. 다음 중 본 회의록으로 이해할 수 있는 내용이 아닌 것은?

① 회의 참석 대상자는 총 5명이었다.
② 영업본부의 업무 개선을 위한 회의이다.
③ 교육세미나의 강사는 인사과의 담당직원이다.
④ 영업1부와 2부의 스케줄 공유가 필요하다.
⑤ 추후에 주기적인 회의가 있을 예정이다.

27. 다음 중 회의 후에 영업부가 협의해야 할 부서가 아닌 것은?

① IT본부
② 인사과
③ 기획개발부
④ 비서실
⑤ 홍보부

28. 회의록을 보고 영업부 교육세미나에 대해 알 수 있는 내용이 아닌 것은?

① 교육내용
② 교육일시
③ 교육횟수
④ 교육목적
⑤ 협력부서

29. 다음 중 경영참가제도의 특징으로 옳지 않은 것은?

① 사측 단독으로 문제를 해결할 수 있다.
② 경영의 민주성을 제고할 수 있다.
③ 경영의 효율성을 통제할 수 있다.
④ 노사 간 상호 신뢰를 증진시킬 수 있다.
⑤ 경영참가, 이윤참가, 자본참가 유형이 있다.

30. 다음에서 설명하고 있는 조직은 무엇인가?

> • 구성원들의 업무가 분명하게 규정된다.
> • 엄격한 상하 간 위계질서가 있다.
> • 다수의 규칙과 규정이 존재한다.

① 정부 조직
② 기계적 조직
③ 유기적 조직
④ 환경적 조직
⑤ 전략적 조직

31. 다음은 기업용 소프트웨어를 개발·판매하는 A기업의 조직도와 사내 업무협조전이다. 주어진 업무협조전의 발신부서와 수신부서로 가장 적절한 것은?

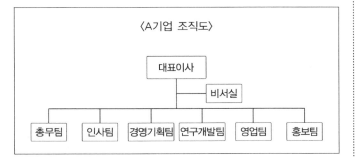

〈A기업 조직도〉

대표이사
비서실

총무팀 | 인사팀 | 경영기획팀 | 연구개발팀 | 영업팀 | 홍보팀

업무협조전

제목 : 콘텐츠 개발에 따른 적극적 영업 마케팅 협조

내용 : 2014년 경영기획팀의 요청으로 저희 팀에서 제작하기 시작한 업무매니저 "한방에" 소프트웨어가 모두 제작 완료되었습니다. 하여 해당 소프트웨어 5종에 관한 적극적인 마케팅을 부탁드립니다.

"한방에"는 거래처관리 소프트웨어, 직원/급여관리 소프트웨어, 매입/매출관리 소프트웨어, 증명서 발급관리 소프트웨어, 거래/견적/세금관리 소프트웨어로 각 분야별 영업을 진행하시면 될 것 같습니다.

특히나 직원/급여관리 소프트웨어는 회사 직원과 급여를 통합적으로 관리할 수 있는 프로그램으로 중소기업에서도 보편적으로 이용할 수 있도록 설계되어 있기 때문에 적극적인 영업 마케팅이 더해졌을 때 큰 이익을 낼 수 있을 거라 예상됩니다.

해당 5개의 프로그램의 이용 매뉴얼과 설명서를 첨부해 드리오니 담당자분들께서는 이를 숙지하시고 영업에 효율성을 가지시기 바랍니다.

첨부 : 업무매니저 "한방에" 매뉴얼 및 설명서

	발신	수신
①	경영기획팀	홍보팀
②	연구개발팀	영업팀
③	총무팀	인사팀
④	영업팀	연구개발팀
⑤	인사팀	경영기획팀

32. 경영전략의 유형으로 흔히 차별화, 원가 우위, 집중화 전략을 꼽을 수 있다. 다음에 제시된 내용들 중, 차별화 전략의 특징으로 볼 수 없는 설명을 모두 고른 것은?

> ㉠ 브랜드 강화를 위한 광고비용이 증가할 수 있다.
> ㉡ 견고한 유통망은 제품 차별화와 관계가 없다.
> ㉢ 차별화로 인한 규모의 경제 활용에 제약이 있을 수 있다.
> ㉣ 신규기업 진입에 대한 효과적인 억제가 어렵다.
> ㉤ 제품에 대한 소비자의 선호체계가 확연히 구분될 경우 효과적인 차별화가 가능하다.

① ㉠, ㉡
② ㉡, ㉣
③ ㉡, ㉢
④ ㉣, ㉤
⑤ ㉢, ㉣

33. 다음 상황에서 미루어 볼 때 이러한 고객 유형에 대한 응대요령으로 가장 적절한 것을 고르면?

> 타인이 보았을 때 유창하게 말하려는 사람은 자신을 과시하는 형태의 고객으로써 자기 자신은 모든 것을 다 알고 있는 전문가인 양 행동할 수 있다. 또한, 자신이 지니고 있는 확신에 대한 고집을 꺾지 않으려 하지 않으며 좀처럼 설득되지 않고 권위적인 느낌을 주어 상대의 판단에 영향을 미치려고 한다. 비록 언어 예절을 깍듯이 지키며 겸손한 듯이 행동하지만 내면에는 강한 우월감을 지니고 있으므로 거만한 인상을 주게 된다.

① 고객이 결정을 내리지 못하는 갈등요소가 무엇인지를 표면화시키기 위해 시기 적절히 질문을 하여 상대가 자신의 생각을 솔직히 드러낼 수 있도록 도와준다.
② 상대의 말에 지나치게 동조하지 말고 항의 내용의 골자를 요약해 확인한 후 문제를 충분히 이해하였음을 알리고 문제 해결에 대한 확실한 결론을 내어 고객에게 믿음을 주도록 한다.

③ 부드러운 분위기를 유지하며 정성스럽게 응대하되 음성에 웃음이 섞이지 않도록 유의한다.

④ 우선적으로 고객의 말을 잘 들으면서 상대의 능력에 대한 칭찬 및 감탄의 말로 응수해 상대를 인정하고 높여주면서 친밀감을 조성해야 한다.

⑤ 대화의 초점을 주제방향으로 유도해서 해결점에 도달할 수 있도록 자존심을 존중해 가면서 응대한다.

34. 다음 설명에 해당하는 협상 과정은?

> • 협상 당사자들 사이에 상호 친근감을 쌓음
> • 간접적인 방법으로 협상의사를 전달함
> • 상대방의 협상의지를 확인함
> • 협상진행을 위한 체제를 짬

① 협상 시작

② 상호 이해

③ 실질 이해

④ 해결 대안

⑤ 합의 문서

35. 다음 중 높은 성과를 내는 임파워먼트 환경의 특징으로 옳지 않은 것은?

① 도전적이고 흥미 있는 일

② 성과에 대한 압박

③ 학습과 성장의 기회

④ 상부로부터의 지원

⑤ 긍정적인 인간관계

36. 다음 중 대인관계능력을 구성하는 하위능력으로 옳지 않은 것은?

① 팀워크능력

② 자아인식능력

③ 리더십능력

④ 갈등관리능력

⑤ 협상능력

37. 다음 사례에서 이 부장이 취할 수 있는 행동으로 적절하지 않은 것은?

> ○○기업에 다니는 이 부장은 최근 경기침체에 따른 회사의 매출부진과 관련하여 근무환경을 크게 변화시키기로 결정하였다. 하지만 그의 부하들은 물론 상사와 동료들조차 이 부장의 결정에 회의적이었고 부정적 시각을 내보였다. 그들은 변화에 소극적이었으며 갑작스런 변화는 오히려 회사의 존립자체를 무너뜨릴 수 있다고 판단하였다. 하지만 이 부장은 갑작스러운 변화가 처음에는 회사를 좀 더 어렵게 할 수 있으나 장기적으로 본다면 틀림없이 회사에 큰 장점으로 작용할 것이라고 확신하고 있었고 여기에는 전 직원의 협력과 노력이 필요하다고 하였다.

① 개방적 분위기를 조성한다.

② 변화의 긍정적 면을 강조한다.

③ 직원의 감정을 세심하게 살핀다.

④ 주관적인 자세를 유지한다.

⑤ 변화에 적응할 시간을 준다.

38. 귀하는 여러 명의 팀원을 관리하고 있는 팀장이다. 입사한 지 3개월 된 신입사원인 최 사원의 업무 내용을 확인하던 중 최 사원이 업무를 효율적으로 진행하지 않아 최 사원의 업무 수행이 팀 전체의 성과로 이어지지 못하고 있다는 사실을 알게 되었다. 이때 귀하가 최 사원에게 해 줄 조언으로 적절하지 않은 것은?

① 업무를 진행하는 과정에서 어려움이 있다면 팀 내에서 역할 모델을 설정한 후에 업무를 진행해 보는 건 어떨까요.

② 업무 내용을 보니 묶어서 처리해도 되는 업무를 모두 구분해서 다른 날 진행했던 데 묶어서 진행할 수 있는 건 같이 처리하도록 하세요.

③ 팀에서 업무를 진행할 때 따르고 있는 업무 지침을 꼼꼼히 확인하고 그에 따라서 처리하다보면 업무를 효율적으로 진행할 수 있을 거예요.

④ 업무 성과가 효과적으로 높아지지 않는 것 같은 땐 최대한 다른 팀원과 같은 방식으로 일하려고 노력하는 게 좋을 것 같아요.

⑤ 일별로 정해진 일정이 조금씩 밀려서 일을 몰아서 처리하는 경향이 있는 것 같아요. 정해진 일정은 최대한 미루지 말고 계획대로 처리하는 습관을 기르는 게 좋겠어요.

39. 협상에 있어 상대방을 설득시키는 일은 필수적이며 그 방법은 상황과 상대방에 따라 매우 다양하게 나타난다. 이에 따라 상대방을 설득하기 위한 협상 전략은 몇 가지로 구분될 수 있다. 협상 시 상대방을 설득시키기 위하여 상대방 관심사에 대한 정보를 확인 후 해당 분야의 전문가를 동반 참석시켜 우호적인 분위기를 이끌어낼 수 있는 전략은 어느 것인가?

① 호혜관계 형성 전략

② 권위 전략

③ 반항심 극복 전략

④ 헌신과 일관성 전략

⑤ 사회적 입증 전략

40. 민원실에 근무하는 서 대리는 모든 직원들이 꺼리는 불만 가득한 민원인이 찾아오면 항상 먼저 달려와 민원인과의 상담을 자청한다. 이를 본 민원실장은 직원들에게 서 대리의 적극성에 대해 설명한다. 다음 중 민원실장이 들려준 말이라고 볼 수 없는 것은?

① "불평하는 고객은 결국 회사를 이롭게 하는 역할을 하는 겁니다."

② "고객의 거친 말은 꼭 불만의 내용이 공격적이기 때문은 아닌 겁니다."

③ "서 대리는 회사의 가치가 왜곡되거나 불필요하게 침해당하는 것을 막고자 하는 겁니다."

④ "불평고객 대부분은 단지 회사의 잘못을 인정하고 사과하는 모습을 원하는 경우가 많습니다."

⑤ "서 대리는 회사보다 민원인의 입장에서 이야기를 들어보고자 하는 직원입니다."

MG새마을금고

일반직 6급 필기전형

NCS 직업기초능력평가

제 4 회	영 역	의사소통능력, 수리능력, 문제해결능력, 조직이해능력, 대인관계능력
	문항수	총 40문항
	시 간	40분
	비 고	객관식 5지선다형

SEOWONGAK
(주)서원각

제4회 NCS 직업기초능력평가 모의고사

1. 다음 ( ) 안에 들어갈 알맞은 단어를 고르면?

> 널리 여러 문헌을 ( )하다.

① 섭렵
② 숙고
③ 고뇌
④ 생각
⑤ 참고

2. 다음 문장의 문맥상 ( ) 안에 들어갈 단어로 가장 적절한 것은?

> 형은 오만하게 반말로 소리쳤다. 그리고는 좀 전까지 그녀가 앉아 있던 책상 앞의 의자로 가서 의젓하게 팔짱을 끼고 앉았다. 그녀는 형의 ( )적인 태도에 눌려서 꼼짝하지 않고 서 있었다.

① 강압
② 억압
③ 위압
④ 폭압
⑤ 중압

3. 다음 밑줄 친 단어들의 의미 관계가 다른 하나는?

① 이 상태로 나가다가는 현상 <u>유지</u>도 어려울 것 같다.
  그 어른은 이곳에서 가장 영향력이 큰 <u>유지</u>이다.
② 그의 팔에는 강아지가 <u>물었던</u> 자국이 남아 있다.
  모기가 옷을 뚫고 팔을 마구 <u>물어</u> 대었다.
③ 그 퀴즈 대회에서는 한 가지 상품만 <u>고를</u> 수 있다.
  울퉁불퉁한 곳을 흙으로 메워 판판하게 <u>골라</u> 놓았다.
④ 고려도 그 말년에 원군을 불러들여 삼별초 수만과 그들이 근거한 여러 <u>도서</u>의 수십만 양민을 도륙하게 하였다.
  많은 <u>도서</u> 가운데 양서를 골라내는 것은 그리 쉬운 일이 아니다.
⑤ 우리는 발해 유적 조사를 위해 중국 만주와 러시아 연해주 지역에 걸쳐 광범위한 <u>답사</u>를 펼쳤다.
  재학생 대표의 송사에 이어 졸업생 대표의 <u>답사</u>가 있겠습니다.

4. 다음 글을 순서에 맞게 논리적으로 배열한 것은?

> ⊙ 근대 이전에는 평범한 사람들이 책을 소유하는 것이 쉬운 일이 아니었다. 글자를 아예 읽을 수 없는 문맹자들도 많았으며, 신분이나 성별에 따른 차별 때문에 누구나 교육을 받을 수도 없었다. 옛사람들에게 책은 지금보다 훨씬 귀하고 비싼 물건이었다. 인쇄 기술이 발달하지 않았고 책을 쓰고 읽는 일 자체를 아무나 할 수 없었기 때문이다.
>
> ⓛ 이 일화는 노력을 통해 목표를 성취한 사람의 감동적인 이야기일 뿐만 아니라, 조선 시대의 독서 문화를 상징적으로 보여 주는 예이기도 하다. 고전이나 그에 버금가는 글을 수없이 읽고 암송하고 그것을 펼쳐 내는 일이 곧 지성을 갖추고 표현하는 일이었다.
>
> ⓒ 활자로 인쇄된 종이 책을 서점에서 값을 치르고 사와서 집에서 혼자 눈으로 읽는 독서 방식은 보편적인 것도 영원불변한 것도 아니다. 현재 이러한 독서는 매우 흔하지만, 우리나라를 비롯하여 전 세계적으로 20세기에 들어서고 나서야 일반화되었다.
>
> ⓔ 조선 중기의 관료이자 시인인 김득신은 어렸을 때 천연두를 심하게 앓아 총기(聰氣)를 잃고 말았다. 그래서 김득신은 남들이 두어 번만 읽으면 아는 글을 수십 수백 번, 수천수만 번씩 읽고 외웠다. 결국, 김득신은 과거에도 급제하고 시인이 되었다.
>
> ⓜ 그래서 옛사람들의 독서와 공부 방법은 요즘과 달랐다. 그들은 책을 수없이 반복해서 읽었고, 통째로 외는 방법으로 공부했다. 그리고 글을 쓸 때면 책에 담긴 이야기와 성현의 말씀을 인용하며 자기주장을 폈다.

① ⓒ, ⊙, ⓜ, ⓔ, ⓛ
② ⓒ, ⊙, ⓜ, ⓛ, ⓔ
③ ⊙, ⓒ, ⓜ, ⓔ, ⓛ
④ ⊙, ⓜ, ⓒ, ⓔ, ⓛ
⑤ ⓛ, ⓒ, ⓜ, ⊙, ⓔ

5. 다음 중 밑줄 친 말의 풀이로 틀린 것은?

> 오늘은 퇴근 후에 동창들과 모임이 있는 날이다. 늦을지 모른다는 생각이 든 나는 업무를 급히 갈무리하고 사무실을 나섰다. 우리 동창들은 두 달에 한 번씩 돌림턱을 내며 서로 간의 우의를 다져왔다. 오늘은 이번에 취직한 친구가 한 턱을 내는 날이다. 오늘의 약속장소는 한갓진 식당이어서 들어서자 반가운 얼굴들이 금세 눈에 들어왔다. 자리에 앉자마자 오늘의 메뉴인 해물탕이 나왔다. 매큼한 음식 냄새를 맡으니 갑자기 배가 고파졌다.

① 갈무리 : 일을 빨리하도록 독촉함
② 돌림턱 : 여러 사람이 일정한 시간을 두고 차례로 돌아가며 내는 턱
③ 우의 : 친구 사이의 정의
④ 한갓진 : 한가하고 조용한
⑤ 매큼한 : 냄새나 맛이 아주 매운

6. 다음 글의 내용과 일치하지 않는 것은?

> 아침에 땀을 빼는 운동을 하면 식욕을 줄여준다는 연구결과가 나왔다. 미국 A대학 연구팀이 35명의 여성을 대상으로 이틀간 아침 운동에 따른 식욕의 변화를 측정한 결과다. 연구팀은 첫 번째 날은 45분간 운동을 시키고, 다음날은 운동을 하지 않게 하고는 음식 사진을 보여줬다. 이때 두뇌 부위에 전극장치를 부착해 신경활동을 측정했다. 그 결과 운동을 한 날은 운동을 하지 않은 날에 비해 음식에 대한 주목도가 떨어졌다. 음식을 먹고 싶다는 생각이 그만큼 덜 든다는 얘기다. 뿐만 아니라 운동을 한 날은 하루 총 신체활동량이 증가했다. 운동으로 소비한 열량을 보충하기 위해 음식을 더 먹지도 않았다. 운동을 하지 않은 날 소모한 열량과 비슷한 열량을 섭취했을 뿐이다. 실험 참가자의 절반가량은 체질량지수(BMI)를 기준으로 할 때 비만이었는데, 이와 같은 현상은 비만 여부와 상관없이 나타났다.

① 운동을 한 날은 운동을 하지 않은 날에 비해 음식에 대한 주목도가 떨어졌다.
② 과한 운동은 신경활동과 신체활동량에 영향을 미친다.
③ 비만여부와 상관없이 아침운동은 식욕을 감소시킨다.
④ 운동을 한 날은 신체활동량이 증가한다.
⑤ 체질량지수와 실제 비만 여부와의 관계는 상관성이 떨어진다.

7. 다음 제시된 글의 다음에 올 문장의 배열이 차례로 나열된 것은?

> 지섭 : 민아씨, 어디 아파요? 표정이 안 좋아 보여요.
>
> 민아 : 제가 원서 넣은 공단이 내일 면접이어서요. 그동안 스터디를 통해서 면접 연습을 많이 했는데도 벌써부터 긴장이 되네요.
>
> 지섭 : 민아씨는 자기 의견도 명확히 피력할 줄 알고 조리 있게 설명을 잘 하시니 걱정 안하셔도 될 것 같아요. 아, 손에 꽉 쥐고 계신 건 뭔가요?
>
> 민아 : 아, 제가 예상 답변을 정리해서 모아둔거에요. 내용은 거의 외웠는데 이렇게 쥐고 있지 않으면 불안해서..
>
> 지섭 : 그 정도로 준비를 철저히 하셨으면 걱정할 이유 없을 것 같아요.
>
> 민아 : 그래도 압박면접이거나 예상치 못한 질문이 들어오면 어떻게 하죠?
>
> 지섭 : _____

① 시선을 적절히 처리하면서 부드러운 어투로 말하는 연습을 해보는 건 어때요?
② 공식적인 자리인 만큼 옷차림을 신경 쓰는 게 좋을 것 같아요.
③ 당황하지 말고 질문자의 의도를 잘 파악해서 침착하게 대답하면 되지 않을까요?
④ 예상 질문에 대한 답변을 좀 더 정확하게 외워보는 건 어떨까요?
⑤ 내일까지 연습을 충분히 하면 자신감이 생기지 않을까요?

8. 다음 글을 읽고 등장인물들의 정서를 고려할 때 ( ) 안에 들어갈 가장 적절한 것은?

> 그는 얼마 전에 살고 있던 전셋집을 옮겼다고 했다. 그래 좀 늘려 갔느냐 했더니 한 동네에 있는 비슷한 집으로 갔단다. 요즘 같은 시절에 줄여 간 게 아니라면 그래도 잘된 게 아니냐 했더니 반응이 신통치를 않았다. 집이 형편없이 낡았다는 것이다. 아무리 낡았다고 해도 설마 무너지기야 하랴 하고 웃자 그도 따라 웃는다. 큰 아파트가 무너졌다는 얘기를 들었어도 그가 살고 있는 단독주택 같은 집이 무너진다는 건 상상하기 힘들었을 테고, 또 ( ) 웃었을 것이다.

① 드디어 자기 처지를 진정으로 이해하기 시작했다고 생각하고
② 낡았다는 것을 무너질 위험이 있다는 뜻으로 엉뚱하게 해석한 데 대해
③ 이 사람이 지금 그걸 위로라고 해 주고 있나 해서
④ 설마 설마 하다가 정말 무너질 수도 있겠구나 하는 생각에
⑤ 하늘이 무너져도 솟아날 구멍이 있다는 속담이 생각나서

9. 다음에서 일정한 규칙을 찾아 빈칸에 들어갈 알맞은 숫자를 바르게 고른 것은?

$$\frac{1}{10} \quad \frac{4}{20} \quad \frac{7}{30} \quad \frac{(\ )}{40} \quad \frac{13}{50} \quad \frac{16}{60}$$

① 8
② 9
③ 10
④ 11
⑤ 12

10. ○○전기 A지역본부의 작년 한 해 동안의 송전과 배전 설비 수리 건수는 총 238건이다. 설비를 개선하여 올해의 송전과 배전 설비 수리 건수가 작년보다 각각 40%, 10%씩 감소하였다. 올해 수리 건수의 비가 5 : 3일 경우, 올해의 송전 설비 수리 건수는 몇 건인가?

① 102건   ② 100건
③ 98건   ④ 96건
⑤ 94건

11. 아래에서 S기업이 물류비용 5%를 추가로 절감할 경우, S 기업은 얼마의 매출액을 증가시키는 것과 동일한 효과를 얻게 되는가?

> • S기업 총 매출액 : 100억 원
> • 매출액 대비 물류비 비중 : 10%
> • 매출액 대비 이익률 : 5%

① 1억 원
② 1억 1천만 원
③ 10억 원
④ 11억 원
⑤ 110억 원

12. 업무상 수집한 정보를 그래프로 나타내고자 할 때, 정보의 내용과 사용할 그래프의 유형이 올바르게 설명되지 않은 것은?

① 막대그래프는 각 수량 간의 대소 관계를 나타내고자 할 때 가장 기본적으로 활용할 수 있는 그래프이며, 매출액이나 인원 분포 등의 자료를 나타낼 수 있다.
② 원 그래프는 일반적으로 내역이나 내용의 구성비를 분할하여 나타내고자 할 때 활용할 수 있는 그래프이며, 구성 비율을 나타낼 수 있다.
③ 선 그래프는 지역분포를 비롯하여 도시, 지방, 기업, 상품 등의 평가나 위치, 성격을 표시하는데 활용할 수 있는 그래프이며, 광고비율과 이익률의 관계 등을 나타낼 수 있다.
④ 방사형 그래프는 다양한 요소를 비교할 때, 경과를 나타낼 때 활용할 수 있는 그래프로서, 매출액의 계절변동 등을 나타낼 수 있다.
⑤ 층별 그래프는 합계와 각 부분의 크기를 백분율 또는 실수로 나타내고 시간적 변화를 보고자 할 때 활용할 수 있는 그래프이며, 상품별 매출액 추이를 나타낼 수 있다.

13. 휘발유 1리터로 12km를 가는 자동차가 있다. 연료계기판의 눈금이 $\frac{1}{3}$을 가리키고 있었는데 20리터의 휘발유를 넣었더니 눈금이 $\frac{2}{3}$를 가리켰다. 이후에 300km를 주행했다면, 남아 있는 연료는 몇 리터인가?

① 15L   ② 16L
③ 17L   ④ 18L
⑤ 19L

14. 인터넷 쇼핑몰에서 회원가입을 하고 디지털캠코더를 구매하려고 한다. 다음은 구입하고자 하는 모델에 대하여 인터넷 쇼핑몰 세 곳의 가격과 조건을 제시한 표이다. 표에 있는 모든 회원 혜택을 적용하였을 때 디지털캠코더의 배송비를 포함한 실제 회원 구매가격을 바르게 비교한 것은?

구분	A 쇼핑몰	B 쇼핑몰	C 쇼핑몰
정상가격	129,000원	131,000원	130,000원
회원혜택	7,000원 할인	3,500원 할인	7% 할인
할인쿠폰	5% 쿠폰	3% 쿠폰	5,000원
중복할인여부	불가	가능	불가
배송비	2,000원	무료	2,500원

① A<B<C
② A<C<B
③ B<C<A
④ C<B<A
⑤ C<A<B

15. 주머니 A에는 흰 공 2개, 검은 공 4개가 들어 있고, 주머니 B에는 흰 공 4개, 검은 공 2개가 들어 있다. 주머니 A에서 임의로 2개의 공을 꺼내어 주머니 B에 넣고 섞은 다음 주머니 B에서 임의로 2개의 공을 꺼내어 주머니 A에 넣었더니 두 주머니에 있는 검은 공의 개수가 서로 같아졌다. 이때 주머니 A에서 꺼낸 공이 모두 검은 공이었을 확률은?

① $\dfrac{6}{11}$
② $\dfrac{13}{22}$
③ $\dfrac{7}{11}$
④ $\dfrac{15}{22}$
⑤ $\dfrac{9}{11}$

16. 다음은 지역별 어음부도율과 지역·업종별 부도 법인 수를 나타낸 것이다. 다음 표를 분석한 내용으로 옳은 것은?

[표 1] 지역별 어음부도율

(전자결제 조정 후, 단위 : %)

구분	2012년			
	1월	2월	3월	4월
전국	0.02	0.02	0.02	0.01
서울	0.01	0.01	0.01	0.01
지방	0.05	0.03	0.06	0.03

[표 2] 지역·업종별 부도 법인 수

(단위 : 개)

구분	2012년			
	1월	2월	3월	4월
제조업	43	34	37	37
건설업	26	36	27	11
서비스업	48	54	36	39
기타	13	4	3	7
소계	130	128	103	94

※ 기타는 농림어업, 광업, 전기·가스·수도 등

> ㉠ 지방의 경기가 서울의 경기보다 더 빠르게 회복세를 보인다.
> ㉡ 제조업이 부도업체 전체에 차지하는 비율이 1월보다 4월이 높다.
> ㉢ 어음부도율이 낮아지는 현상은 국내 경기가 전월보다 회복세를 보이고 있다는 것으로 볼 수 있다.

① ㉠
② ㉠, ㉡
③ ㉠, ㉢
④ ㉡, ㉢
⑤ ㉠, ㉡, ㉢

17. 다음을 읽고 네 사람의 직업이 중복되지 않을 때 C의 직업은 무엇인지 고르면?

> ㉠ A가 국회의원이라면 D는 영화배우이다.
> ㉡ B가 승무원이라면 D는 치과의사이다.
> ㉢ C가 영화배우면 B는 승무원이다.
> ㉣ C가 치과의사가 아니라면 D는 국회의원이다.
> ㉤ D가 치과의사가 아니라면 B는 영화배우가 아니다.
> ㉥ B는 국회의원이 아니다.

① 국회의원
② 영화배우
③ 승무원
④ 치과의사
⑤ 알 수 없다.

18. W사는 작년에 이어 올해에도 연수원에서 체육대회를 개최하였다. 본부대항 축구 시합을 하는데 인원이 많지 않아 팀별 8명씩의 선수로 구성하게 되었다. 다음을 만족할 때, 영업본부가 만들 수 있는 축구팀 인원 구성의 경우의 수는 모두 몇 가지인가? (단, 영업본부에는 부장이 2명, 과장과 대리 각각 5명, 사원이 3명 있다)

- 부장과 과장은 최소한 1명 이상씩 포함시킨다.
- 사원은 출전하지 않거나 혹은 2명을 포함시킨다.
- 대리는 3명 이상 포함시킨다.

---

① 5가지
② 6가지
③ 7가지
④ 8가지
⑤ 9가지

19. 다음 글의 내용이 참일 때, 반드시 거짓인 것은?

- 착한 사람들 중에서 똑똑한 여자는 모두 인기가 많다.
- 똑똑한 사람들 중에서 착한 남자는 모두 인기가 많다.
- "인기가 많지 않지만 멋진 남자가 있다"라는 말은 거짓이다.
- 영희는 멋지지 않지만 똑똑한 여자이다.
- 철수는 인기는 많지 않지만 착한 남자이다.
- 여자든 남자든 당연히 사람이다.

---

① 철수는 똑똑하지 않다.
② 철수는 멋지거나 똑똑하다.
③ 똑똑하지만 멋지지 않은 사람이 있다.
④ 영희가 인기가 많지 않다면, 그녀는 착하지 않다.
⑤ "똑똑하지만 인기가 많지 않은 여자가 있다"라는 말이 거짓이라면, 순이는 인기가 많다.

20. 다음 중 업무상 일어나는 문제를 해결할 때 필요한 '분석적 사고'에 대한 설명으로 올바른 것은?

① 사실 지향의 문제는 기대하는 결과를 명시하고 효과적으로 달성하는 방법을 사전에 구상하고 실행에 옮겨야 한다.
② 가설 지향의 문제는 일상 업무에서 일어나는 상식, 편견을 타파하여 객관적 사실로부터 사고와 행동을 출발한다.
③ 전체를 각각의 요소로 나누어 그 요소의 의미를 도출한 다음 우선순위를 부여하고 구체적인 문제해결방법을 실행하는 것이다.
④ 성과 지향의 문제는 현상 및 원인분석 전에 지식과 경험을 바탕으로 일의 과정이나 결과, 결론을 가정한 다음 검증 후 사실일 경우 다음 단계의 일을 수행한다.
⑤ 당면하고 있는 문제와 그 해결방법에만 집착하지 말고, 그 문제와 해결방안이 상위 시스템 또는 다른 문제와 어떻게 연결되어 있는지를 생각하는 것이 필요하다.

21. A, B, C, D, E 다섯 명 중 출장을 가는 사람이 있다. 출장을 가는 사람은 반드시 참을 말하고, 출장에 가지 않는 사람은 반드시 거짓을 말한다. 다음과 같이 각자 말했을 때 항상 참인 것은?

- A : E가 출장을 가지 않는다면, D는 출장을 간다.
- B : D가 출장을 가지 않는다면, A는 출장을 간다.
- C : A는 출장을 가지 않는다.
- D : 2명 이상이 출장을 간다.
- E : C가 출장을 간다면 A도 출장을 간다.

---

① 최소 1명, 최대 3명이 출장을 간다.
② C는 출장을 간다.
③ E는 출장을 가지 않는다.
④ A와 C는 같이 출장을 가거나, 둘 다 출장을 가지 않는다.
⑤ A가 출장을 가면 B도 출장을 간다.

22. 한 마을에 약국이 A, B, C, D, E 다섯 군데가 있다. 다음의 조건에 따를 때 문을 연 약국에 해당하는 곳이 바르게 나열된 것은?

- A와 B 모두 문을 열지는 않았다.
- A가 문을 열었다면, C도 문을 열었다.
- A가 문을 열지 않았다면, B가 문을 열었거나 C가 문을 열었다.
- C는 문을 열지 않았다.
- D가 문을 열었다면, B가 문을 열지 않았다.
- D가 문을 열지 않았다면, E도 문을 열지 않았다.

① A
② B
③ A, E
④ D, E
⑤ B, D, E

23. 갑, 을, 병, 정 네 사람만 참여한 달리기 시합에서 동순위 없이 순위가 완전히 결정되었다. 갑, 을, 병은 각자 다음과 같이 진술하였다. 이들의 진술이 자신보다 낮은 순위의 사람에 대한 진술이라면 참이고, 높은 순위의 사람에 대한 진술이라면 거짓이라고 한다. 다음 중 반드시 참인 것은?

- 갑 : 병은 1위이거나 2위이다.
- 을 : 정은 3위이거나 4위이다.
- 병 : 정은 2위이다.

① 갑은 1위이다.
② 을은 2위이다.
③ 정은 4위이다.
④ 갑이 을보다 순위가 높다.
⑤ 병이 정보다 순위가 높다.

24. A, B, C, D, E, F가 달리기 경주를 하여 보기와 같은 결과를 얻었다. 1등부터 6등까지 순서대로 나열한 것은?

- ㉠ A는 D보다 먼저 결승점에 도착하였다.
- ㉡ E는 B보다 더 늦게 도착하였다.
- ㉢ D는 C보다 먼저 결승점에 도착하였다.
- ㉣ B는 A보다 더 늦게 도착하였다.
- ㉤ E가 F보다 더 앞서 도착하였다.
- ㉥ C보다 먼저 결승점에 들어온 사람은 두 명이다.

① A – D – C – B – E – F
② A – D – C – E – B – F
③ F – E – B – C – D – A
④ B – F – C – E – D – A
⑤ C – D – B – E – F – A

25. 아래의 내용을 읽고 밑줄 친 부분과 관련된 고객의 개념을 가장 잘 나타내고 있는 것을 고르면?

지난해 항공업계를 흔들었던 '땅콩회항'의 피해자인 대한항공 소속 박○○ 사무장과 김○○ 승무원이 업무에 복귀한다. 6일 대한항공에 따르면 김○○ 승무원은 오는 7일인 요양기간 만료 시점이 다가오자 회사 측에 복귀의사를 밝혔다. 박○○ 사무장은 앞서 지난달 18일 무급 병 휴직 기간이 끝나자 복귀 의사를 밝힌 것으로 알려졌다. 이들 두 사람은 다른 휴직복귀자들과 함께 서비스안전교육을 이수한 후 현장에 투입될 예정이다.

지난 2014년 12월 5일 벌어진 '땅콩회항' 사건은 조○○ 전 대한항공 부사장이 김 승무원이 마카다미아를 포장 째 가져다 줬다는 것을 이유로 여객기를 탑승 게이트로 되돌리고 박 사무장을 문책하면서 불거졌다. 이후 박○○ 사무장과 김○○ 승무원 모두 해당 사건으로 인한 정신적 피해를 호소하면서 회사 측에 휴직을 신청했다.

두 사람은 휴직 이외에도 뉴욕법원에 조 전 부사장을 상대로 손해배상소송을 제기했다. 그러나 재판부는 사건 당사자와 증인, 증거가 모두 한국에 있다는 이유로 각하됐다. 이에 대해 박 사무장만 항소의향서를 제출해 놓은 상태다. 대한항공 측은 "구체적인 복귀일정은 아직 미정"이라며 "두 승무원이 현장에 복귀해도 이전과 동일하게, 다른 동료 승무원들과도 동등한 대우를 받으며 근무하게 될 것"이라고 말했다.

① 위의 두 사람은 회사 측에서 보면 절대 고객이 될 수 없다.
② 자사에 관심을 보이고 있으며 추후에 신규고객이 될 가능성을 지니고 있는 사람들이다.
③ 두 사람은 자사의 이익 창출을 위한 매개체가 되는 직장 상사 또는 부하직원 및 동료라 할 수 있다.
④ 자사의 제품 및 서비스 등을 지속적으로 구매하고 기업과의 강력한 유대관계를 형성하는 사람들이라 볼 수 있다.
⑤ 회사 밖에 위치하는 외부고객으로 매출에 영향을 미치지 않는다.

26. 다음과 관련된 개념은 무엇인가?

> 조직이 지속되게 되면서 조직구성원들 간에 공유되는 생활
> 양식이나 가치로 조직구성원들의 사고와 행동에 영향을 미치며
> 일체감과 정체성을 부여하고 조직이 안정적으로 유지되게 한
> 다. 최근 조직문화에 대한 중요성이 부각되면서 긍정적인 방향
> 으로 조성하기 위한 경영층의 노력이 이루어지고 있다.

① 조직문화
② 조직위계
③ 조직목표
④ 조직구조
⑤ 조직의 규칙

27. 다음 중 ㉠에 들어갈 경영전략 추진과정은?

① 경영전략 구성
② 경영전략 분석
③ 경영전략 도출
④ 경영전략 제고
⑤ 경영전략 수정

28. 다음 중 조직의 유형으로 옳지 않은 것은?
① 비영리조직은 대표적으로 병원이나 대학이 있다.
② 영리조직은 대표적으로 친목회가 있다.
③ 소규모 조직은 대표적으로 가족 소유의 상점이 있다.
④ 대규모 조직은 대표적으로 대기업이 있다.
⑤ 비공식조직으로 동아리가 있다.

29. S 전자기업의 각 부서별 직원과 업무 간의 연결이 옳지 않은 것을 고르시오.
① 영업부 김 대리 : 제품의 재고조절, 거래처로부터의 불만처리, 판매계획
② 회계부 이 과장 : 재무상태 및 경영실적 보고, 결산 관련 업무
③ 인사부 박 부장 : 인사발령 및 임금제도, 복리후생제도 및 지원업무, 퇴직관리
④ 총무부 정 사원 : 외상매출금의 청구 및 회수, 판매예산의 편성, 견적 및 계약
⑤ 기획부 오 대리 : 경영계획 및 전략수립, 경영진단업무, 단기사업계획 조정

30. 다음 중 국제 매너로 옳지 않은 것은?
① 프랑스에서 사업차 거래처 사람들과 식사를 할 때 사업에 관한 이야기는 정식 코스가 끝날 때 한다.
② 이란에서 꽃을 선물로 줄 때 노란색 꽃을 준비한다.
③ 멕시코에서 상대방에게 초대를 받았다면 나 또한 상대방을 초대하는 것이 매너이다.
④ 이탈리아에서 상대방과 대화할 때는 중간에 말을 끊지 않는다.
⑤ 생선 요리는 뒤집어먹지 않는다.

31. 다음 중 아래의 조직도를 올바르게 이해한 것은?

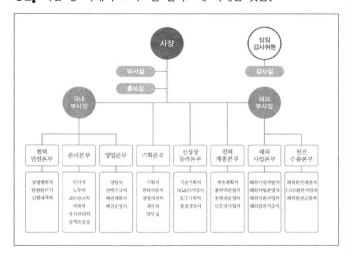

┌───┐
│ ㉠ 사장직속으로는 3개 본부, 13개 처, 2개 실로 구성되어 있다. │
│ ㉡ 국내·해외부사장은 각 3개의 본부를 이끌고 있다. │
│ ㉢ 감사실은 다른 부서들과는 별도로 상임 감사위원 산하에 따 │
│   로 소속되어 있다. │
│ ㉣ 노무처와 재무처는 서로 업무협동이 있어야 하므로 같은 본 │
│   부에 소속되어 있다. │
└───┘

① ㉠
② ㉢
③ ㉡, ㉢
④ ㉡, ㉣
⑤ ㉢, ㉣

32. '경영참가제도'는 노사협의제, 이윤분배제, 종업원지주제 등의 형태로 나타난다. 다음에 제시된 항목 중, 이러한 경영참가제도가 발전하게 된 배경으로 보기 어려운 두 가지가 알맞게 짝지어진 것은?

┌───┐
│ ㉠ 근로자들의 경영참가 욕구 증대 │
│ ㉡ 노동조합을 적대적 존재로서가 아니라 파트너로서 역할을 │
│   인정하게 된 사용자 측의 변화 │
│ ㉢ 노동조합의 다양한 기능의 점진적 축소 │
│ ㉣ 기술혁신과 생산성 향상 │
│ ㉤ 근로자의 자발적, 능동적 참여가 사기와 만족도를 높이고 │
│   생산성 향상에 기여하게 된다는 의식이 확산됨 │
│ ㉥ 노사 양측의 조직규모가 축소됨에 따라 기업의 사회적 책임 │
│   의식이 약해짐 │
└───┘

① ㉠, ㉢
② ㉡, ㉥
③ ㉡, ㉥
④ ㉣, ㉥
⑤ ㉢, ㉥

33. 다음 글은 A라는 변호사가 B라는 의뢰자에게 하는 커뮤니케이션의 스킬을 나타낸 것이다. 대화를 읽고 A 변호사의 커뮤니케이션 스킬에 대한 내용으로 가장 거리가 먼 것을 고르면?

┌───┐
│ A : "좀 꺼내기 어려운 얘기지만 방금 말씀하신 변호사 보수에 │
│   대해 저희 사무실 입장을 솔직히 말씀드려도 실례가 되지 │
│   않을까요?" │
│ B : 네, 그러세요 │
│ A : "아마 알아보시면 아시겠지만 통상 중형법률사무소 변호사 │
│   들의 시간당 단가가 20만 원 내지 40만 원 정도 사이입니 │
│   다. 이 사건에 투입될 변호사는 3명이고 그 3명의 시간당 │
│   단가는 20만 원, 25만 원, 30만 원이며 변호사별로 약 │
│   ○○시간 동안 이 일을 하게 될 것 같습니다. 그렇다면 전 │
│   체적으로 저희 사무실에서 투여되는 비용은 800만 원 정 │
│   도인데, 지금 의뢰인께서 말씀하시는 300만 원의 비용만 │
│   을 받게 된다면 저희들은 약 500만 원 정도의 손해를 볼 │
│   수밖에 없습니다." │
│ B : 그렇군요. │
│ A : "그 정도로 손실을 보게 되면 저는 대표변호사님이나 선배 │
│   변호사님들께 다른 사건을 두고 왜 이 사건을 진행해서 전 │
│   체적인 사무실 수익성을 악화시켰냐는 질책을 받을 수 있 │
│   습니다. 어차피 법률사무소도 수익을 내지 않으면 힘들다 │
│   는 것은 이해하실 수 있으시겠죠?" │
│ B : 네, 이해가 됩니다. │
│ A : "어느 정도 비용을 보장해 주셔야 저희 변호사들이 힘을 내 │
│   서 일을 할 수 있고, 사무실 차원에서도 제가 전폭적인 지 │
│   원을 이끌어낼 수 있습니다. 이는 귀사를 위해서도 바람직 │
│   할 것이라 여겨집니다." │
│ B : 네 │
│ A : "너무 제 입장만 말씀 드린 거 같습니다. 제 의견에 대해 │
│   어떻게 생각하시는지요?" │
│ B : 듣고 보니 맞는 말씀이네요. │
└───┘

① 상대에게 솔직하다는 느낌을 전달하게 된다.
② 상대가 나의 입장과 감정을 전달해서 상호 이해를 돕는다.
③ 상대는 나의 느낌을 수용하며, 자발적으로 스스로의 문제를 해결하고자 하는 의도를 가진다.
④ 상대에게 개방적이라는 느낌을 전달하게 된다.
⑤ 상대는 변명하려 하거나 반감, 저항, 공격성을 보인다.

34. 다음에서 설명하고 있는 개념의 특징으로 옳지 않은 것은?

> 조직성원들을 신뢰하고 그들의 잠재력을 믿으며 그 잠재력의 개발을 통해 High Performance 조직이 되도록 하는 일련의 행위이다.

① 부정적인 인간관계
② 학습과 성장의 기회
③ 성과에 대한 지식
④ 상부로부터의 지원
⑤ 긍정적인 인간관계

35. 다음 중 실무형 멤버십의 설명으로 옳지 않은 것은?

① 조직의 운영방침에 민감하다.
② 획일적인 태도나 행동에 익숙함을 느낀다.
③ 개인의 이익을 극대화하기 위해 흥정에 능하다.
④ 리더와 부하 간의 비인간적인 풍토를 느낀다.
⑤ 규정에 따라 행동한다.

36. 다음 중 대인관계능력에 대한 정의로 옳은 것은?

① 직장생활에서 문서나 상대방이 하는 말의 의미를 파악하고 자신의 의사를 정확하게 표현하며 간단한 외국어 자료를 읽거나 외국인의 의사표시를 이해하는 능력
② 직업인으로서 자신의 능력, 적성, 특성 등을 이해하고 목표성취를 위해 스스로를 관리하며 개발해 나가는 능력
③ 직장생활에서 협조적인 관계를 유지하고 조직구성원들에게 도움을 줄 수 있으며 조직 내·외부의 갈등을 원만히 해결하고 고객의 요구를 충족시켜줄 수 있는 능력
④ 목표와 현상을 분석하고 이 결과를 토대로 과제를 도출하여 최적의 해결책을 찾아 실행하고 평가해 나가는 능력
⑤ 업무를 수행하는데 필요한 도구, 수단 등에 관한 기술의 원리 및 절차를 이해하고, 적절한 기술을 선택하여 업무에 적용하는 능력

37. 다음 대화를 보고 이 과장의 말이 협상의 5단계 중 어느 단계에 해당하는지 고르면?

> 김 실장 : 이 과장, 출장 다녀오느라 고생했네.
> 이 과장 : 아닙니다. KTX 덕분에 금방 다녀왔습니다.
> 김 실장 : 그래, 다행이군. 오늘 협상은 잘 진행되었나?
> 이 과장 : 그게 말입니다. 실장님. 오늘 협상을 진행하다가 새로운 사실을 알게 되었습니다. 민원인측이 지금껏 주장했던 고가차도 건립계획 철회는 표면적 요구사항이었던 것 같습니다. 오늘 장시간 상대방 측 대표들과 이야기를 나누면서 고가차고 건립자체보다 그로 인한 초등학교 예정부지의 이전, 공사 및 도로 소음 발생, 그리고 녹지 감소가 실질적 불만이라는 걸 알게 되었습니다. 고가차도 건립을 계획대로 추진하면서 초등학교의 건립 예정지를 현행 유지하고, 3중 방음시설 설치, 아파트 주변 녹지 조성 계획을 제시하면 충분히 협상을 진척시킬 수 있을 것 같습니다.

① 협상시작단계
② 상호이해단계
③ 실질이해단계
④ 해결대안단계
⑤ 합의문서단계

38. 다음 글에서와 같이 노조와의 갈등에 있어 최 사장이 보여 준 갈등해결방법은 어느 유형에 속하는가?

> 노조위원장은 임금 인상안이 받아들여지지 않자 공장의 중간관리자급들을 동원해 전격 파업을 단행하기로 하였고, 이들은 임금 인상과 더불어 자신들에게 부당한 처우를 강요한 공장장의 교체를 요구하였다. 회사의 창립 멤버로 회사 발전에 기여가 큰 공장장을 교체한다는 것은 최 사장이 단 한 번도 상상해 본 적 없는 일인지라 오히려 최 사장에게는 임금 인상 요구가 하찮게 여겨질 정도로 무거운 문제에 봉착하게 되었다. 1시간 뒤 가진 노조 대표와의 협상 테이블에서 최 사장은 임금과 부당한 처우 관련 모든 문제는 자신에게 있으니 공장장을 볼모로 임금 인상을 요구하지는 말 것을 노조 측에 부탁하였고, 공장장 교체 요구를 철회한다면 임금 인상안을 매우 긍정적으로 검토하겠다는 약속을 하게 되었다. 또한, 노조원들의 처우 관련 개선안이나 불만사항은 자신에게 직접 요청하여 합리적인 사안의 경우 즉시 수용할 것임을 전달하기도 하였다. 결국 이러한 최 사장의 노력을 받아들인 노조는 파업을 중단하고 다시 업무에 복귀하게 되었다.

① 수용형
② 경쟁형
③ 타협형
④ 통합형
⑤ 회피형

39. K사는 판매제품에 대한 고객의 만족도를 알아보기 위하여 고객 설문 조사 방법에 대한 내부 회의를 진행하였다. 직원들로부터 도출된 다음 의견 중 고객 설문 조사의 바람직한 방법을 제시하고 있지 못한 것은?

① "설문 조사는 우선 우리가 알고자 하는 것보다 고객이 만족하지 못하는 것, 고객이 무언의 신호를 보내고 있는 것이 무엇인지를 알아내는 일이 더욱 중요하다고 봅니다."

② "가급적 고객의 감정에 따른 질문을 작성해야 할 거고, 비교적 상세한 질문과 자유회답 방식이 바람직할 거예요."

③ "우리 제품을 찾는 고객들은 일단 모두 같은 수준의 서비스를 원한다고 가정해야 일정한 서비스를 지속적으로 제공할 수 있을 테니, 질문을 작성할 때 이런 점을 반드시 참고해야 합니다."

④ "가끔 다른 설문지들을 보면 무슨 말을 하고 있는지, 뭘 알고 싶은 건지 헷갈릴 때가 많아요. 응답자들이 쉽게 알아들을 수 있는 말로 질문을 작성하는 것도 매우 중요합니다."

⑤ "고객의 만족도를 알기 위한 설문은 1회 조사에 그쳐서는 안 됩니다. 뿐만 아니라, 매번 질문내용을 바꾸지 않는 것도 꼭 지켜야 할 사항입니다."

40. 효과적인 팀이란 팀 에너지를 최대로 활용하는 고성과 팀이다. 다음 중 이러한 '효과적인 팀'이 가진 특징으로 적절하지 않은 것은?

① 역할과 책임을 명료화시킨다.
② 결과보다는 과정에 초점을 맞춘다.
③ 개방적으로 의사소통한다.
④ 개인의 강점을 활용한다.
⑤ 팀 자체의 효과성을 평가한다.

MG새마을금고

일반직 6급 필기전형

NCS 직업기초능력평가

제 5 회	영 역	의사소통능력, 수리능력, 문제해결능력, 조직이해능력, 대인관계능력
	문항수	총 40문항
	시 간	40분
	비 고	객관식 5지선다형

SEOWONGAK
(주)서원각

제5회 NCS 직업기초능력평가 모의고사

1. 다음 ( ) 안에 들어갈 알맞은 단어를 고르면?

> 법원에서 약식명령장이 (   ) 되었다.

① 복사
② 발행
③ 발부
④ 발신
⑤ 수신

2. 다음 문장의 문맥상 ( ) 안에 들어갈 단어로 가장 적절한 것은?

> 그렇게 기세등등했던 영감이 병색이 짙은 (   )한 얼굴을 하고 묏등이 파헤쳐지는 것을 지켜보고 있었다.

① 명석
② 초췌
③ 비굴
④ 좌절
⑤ 고상

3. 다음 중 ( ) 안에 공통으로 들어갈 단어는?

> • 타락과 방종 그리고 생에 대한 끝없는 회의와 (   )이 그들을 오늘의 시인으로 만들었다.
> • 김 의원은 정치에 (   )을 느끼고 정치계를 떠났다.

① 곤혹
② 곤욕
③ 무안
④ 환멸
⑤ 봉변

4. 아래의 ( ) 안에 들어갈 이음말을 바르게 배열한 것은?

> 한국인의 행동을 규정지었던 『소학』이나 『내훈』에서는 방에 들기 전에 반드시 건기침을 하라 했고, 문밖에 신 두 켤레가 있는데 말소리가 없으면 들어가서는 안 된다고 가르쳤다. 본래 정착 농경민이었던 한국인은 기침으로 백 마디 말을 할 줄 안다. 농경사회에서는 작업을 수행하는 구성원 간에 별다른 말이 없어도 안정적인 생활을 영위할 수 있었다. (   ) 정착보다는 이동이, 안정보다는 전쟁이 많았던 유럽에서는 그러한 생활환경 때문에 정확한 의사 교환이 중시되었다. 이처럼 변화가 심하고 위급한 상황이 잦은 사회에서는 통찰에 의한 의사소통이 발달하기 어려웠다. 근대화 과정에서 우리 사회가 서구화되면서 서구식의 정확한 의사소통이 점점 더 요구되고 있다. 전통 사회에서 널리 통용되던 통찰의 언어는 때때로 실수나 오해를 빚기도 한다. 그러나 통찰의 언어는 상호 간의 조화를 이루는 데에 매우 효과적인 의사소통 수단이다. 상대를 배려하는 마음으로 말하고 행동함으로써 친밀한 인간관계를 형성할 수 있게 하기 때문이다. (   ) 우리는 일상의 언어생활에서 통찰에 의한 의사소통 문화를 살려 나갈 필요가 있다.

① 그러나 - 하지만
② 그러나 - 한편
③ 그리고 - 그런데
④ 그런데 - 또한
⑤ 반면에 - 그러므로

5. 다음 빈칸에 들어갈 말로 가장 적절한 것은?

> 이번 장관 후보자에 대한 청문회는 우리나라 정치인의 도덕성을 평가하는 (   )이/가 될 것이다.

① 시금석
② 출사표
③ 마중물
④ 고갱이
⑤ 간사위

6. 다음 문맥상 ( ) 안에 들어갈 내용으로 가장 적절한 것은?

> 동물 권리 옹호론자들의 주장과는 달리, 동물과 인류의 거래는 적어도 현재까지는 크나큰 성공을 거두었다. 소, 돼지, 개, 고양이, 닭은 번성해온 반면, 야생에 남은 그들의 조상은 소멸의 위기를 맞았다. 북미에 현재 남아 있는 늑대는 1만 마리에 불과하지만, 개는 5,000만 마리다. 이들 동물에게는 자율성의 상실이 큰 문제가 되지 않는 것처럼 보인다.
> 동물 권리 옹호론자들의 말에 따르면, (   )
> 하지만 개의 행복은 인간에게 도움을 주는 수단 역할을 하는 데 있다. 이런 동물은 결코 자유나 해방을 원하지 않는다.

① 가축화는 인간이 강요한 것이 아니라 동물들이 선택한 것이다.
② 동물들이 야생성을 버림으로써 비로소 인간과 공생관계를 유지해 왔다.
③ 동물을 목적이 아니라 수단으로 다루는 것은 잘못된 일이다.
④ 동물들에게 자율성을 부여할 때 동물의 개체는 더 늘어날 수 있다.
⑤ 동물 보호에 앞장서야 한다.

7. 다음 글은 미괄식으로 짜여진 하나의 단락을 순서 없이 나열한 것이다. 이를 논리적 흐름에 맞게 재배열한 것은?

> ㉠ 그리고 수렴된 의도를 합리적으로 처리해야 할 것이다.
> ㉡ 민주주의는 결코 하루아침에 이룩될 수 없다는 것을 느낀다.
> ㉢ 그렇게 본다면 이 땅에서의 민주 제도는 너무나 짧은 역사를 가지고 있다.
> ㉣ 민주주의가 비교적 잘 실현되고 있는 서구 각국의 역사를 돌아보아도 그러하다.
> ㉤ 우리의 의식 또한 확고하게 위임된 책임과 의무를 깊이 깨닫고, 민중의 뜻을 남김없이 수렴하여야 한다.
> ㉥ 민주주의는 정치, 경제, 사회의 제도 자체에서 고루 이루어져야 할 것임은 물론, 우리들의 의식 속에서 이루어져야 하기 때문이다.

① ㉡㉢㉥㉠㉣㉤
② ㉡㉥㉢㉣㉤㉠
③ ㉡㉣㉥㉢㉤㉠
④ ㉡㉣㉤㉠㉥㉢
⑤ ㉡㉥㉢㉣㉤㉠

8. 다음 글의 ㉠ ~ ㉤ 중 글의 흐름으로 보아 삭제해도 되는 문장은?

> ㉠ 토의는 어떤 공통된 문제에 대해 최선의 해결안을 얻기 위하여 여러 사람이 의논하는 말하기 양식이다. ㉡ 패널 토의, 심포지엄 등이 그 대표적 예이다. ㉢ 토의가 여러 사람이 모여 공동의 문제를 해결하는 것이라면 토론은 의견을 모으지 못한 어떤 쟁점에 대하여 찬성과 반대로 나누어 각자의 주장과 근거를 들어 상대방을 설득하는 것이라 할 수 있다. ㉣ 패널 토의는 3 ~ 6인의 전문가들이 사회자의 진행에 따라, 일반 청중 앞에서 토의 문제에 대한 정보나 지식, 의견이나 견해 등을 자유롭게 주고받는 유형이다. ㉤ 심포지엄은 전문가가 참여한다는 점, 청중과 질의 · 응답 시간을 갖는다는 점에서는 패널토의와 비슷하다. 다만 전문가가 토의 문제의 하위 주제에 대해 서로 다른 관점에서 연설이나 강연의 형식으로 10분 정도 발표한다는 점에서는 차이가 있다.

① ㉠
② ㉡
③ ㉢
④ ㉣
⑤ ㉤

9. 다음에서 일정한 규칙을 찾아 빈칸에 들어갈 알맞은 숫자를 바르게 고른 것은?

> 31 4 3   50 ( ) 5   72 18 6   100 28 8

① 2
② 3
③ 4
④ 5
⑤ 6

10. 서원산에는 등산로 A와 A보다 2km 더 긴 등산로 B가 있다. 민경이가 하루는 등산로 A로 올라갈 때는 시속 2km, 내려올 때는 시속 6km의 속도로 등산을 했고, 다른 날은 등산로 B로 올라갈 때는 시속 3km, 내려올 때는 시속 5km의 속도로 등산을 했다. 이틀 모두 동일한 시간에 등산을 마쳤을 때, 등산로 A, B의 거리의 합은?

① 16km

② 18km

③ 20km

④ 22km

⑤ 24km

11. A사는 1억 원을 투자하여 연간 15%의 수익률을 올리는 것을 목표로 새로운 택배서비스를 시작하였다. 이때, 택배서비스의 목표 수입가격은 얼마가 적당한가? (단, 예상 취급량 30,000개/연, 택배서비스 취급원가 1,500원/개)

① 1,000원

② 1,500원

③ 2,000원

④ 2,500원

⑤ 3,000원

12. 다음 표는 두 나라의 출산휴가와 육아휴가 최대 기간과 임금대체율에 대한 내용이다. 정상 주급이 60만 원을 받는 두 나라 여성이 각각 1월 1일(월)부터 출산휴가와 육아휴가를 최대한 사용할 경우, 첫 52주의 기간에 대하여 두 여성이 받게 되는 총임금의 차이는? (단, 육아휴가는 출산휴가 후 연이어 사용하며, 육아휴가를 사용한 후에는 바로 업무에 복귀하여 정상 주급을 받는다. 또한 임금대체율은 $\frac{\text{휴가기간의 주급}}{\text{정상 주급}} \times 100$으로 구한다)

구분	출산휴가		육아휴가	
	최대 기간	임금대체율	최대 기간	임금대체율
A국	15주	100%	52주	80%
B국	15주	60%	35주	50%

① 800만 원 초과 900만 원 이하

② 900만 원 초과 1,000만 원 이하

③ 1,000만 원 초과 1,100만 원 이하

④ 1,100만 원 초과 1,200만 원 이하

⑤ 1,200만 원 초과 1,300만 원 이하

13. 갑, 을, 병은 각각 640원, 760원, 1,100원의 저금을 가지고 있다. 매주 갑이 240원, 을이 300원, 병이 220원씩 더 저축한다고 하면, 갑과 을의 저축액의 합이 병의 저축액의 2배가 되는 것은 몇 주 후인가?

① 6주

② 7주

③ 8주

④ 9주

⑤ 10주

14. 서원각 구내식당 식권의 가격이 외부인은 2,000원, 내부인은 1,200원이라 할 때, 구입한 총 식권의 수가 14장이고 지불한 금액이 23,200원일 경우 외부인 식권의 최소 구입수량은?

① 6장

② 8장

③ 10장

④ 12장

⑤ 14장

15. 다음은 A, B, C, D 4대의 자동차별 속성과 연료 종류별 가격에 대한 자료이다. 다음 중 옳지 않은 것은?

〈자동차별 속성〉

특성 \ 자동차	사용연료	최고시속 (km/h)	연비 (km/l)	연료탱크 (l)	신차구입 가격 (만 원)
A	휘발유	200	10	60	2,000
B	LPG	160	8	60	1,800
C	경유	150	12	50	2,500
D	휘발유	180	20	45	3,500

〈연료 종류별 가격〉

연료 종류	리터당 가격(원/l)
휘발유	1,700
LPG	1,000
경유	1,500

※ 자동차의 1년 주행거리는 20,000km이다.

※ 필요경비=신차구입가격+연료비

※ 이자율은 0%로 가정하고, 신차구입은 일시불로 한다.

① 10년을 운행하면 A자동차의 필요경비가 D자동차의 필요경비보다 적다.

② 연료탱크를 완전히 채웠을 때 추가 주유 없이 가장 긴 거리를 운행할 수 있는 것은 D자동차이다.

③ B자동차로 500km를 운행하기 위해서는 운행중간에 적어도 한 번 주유를 해야 한다.

④ 동일한 거리를 운행하는데 연료비가 가장 많이 드는 차는 A자동차이다.

⑤ 자동차 구입 시점부터 처음 1년 동안의 필요경비가 가장 적은 차량은 B자동차이고 가장 많은 차는 D자동차이다.

16. 지현이는 생활이 어려워 수집했던 고가의 피규어를 인터넷 경매를 통해 판매하려고 한다. 경매 방식과 규칙, 예상 응찰 현황이 다음과 같을 때, 경매 결과를 바르게 예측한 것은?

• 경매 방식 : 각 상품은 따로 경매하거나 묶어서 경매

• 경매 규칙
 −낙찰자 : 최고가로 입찰한 자
 −낙찰가 : 두 번째로 높은 입찰가
 −두 상품을 묶어서 경매할 경우 낙찰가의 5%를 할인해 준다.
 −입찰자는 낙찰가의 총액이 100,000원을 초과할 경우 구매를 포기한다.

• 예상 응찰 현황

입찰자	A 입찰가	B 입찰가	합계
甲	20,000	50,000	70,000
乙	30,000	40,000	70,000
丙	40,000	70,000	110,000
丁	50,000	30,000	80,000
戊	90,000	10,000	100,000
己	40,000	80,000	120,000
庚	10,000	20,000	30,000
辛	30,000	10,000	40,000

① 두 상품을 묶어서 경매한다면 낙찰자는 己이다.

② 경매 방식에 상관없이 지현이의 예상 수입은 동일하다.

③ 두 상품을 따로 경매한다면 얻는 수입은 120,000원이다.

④ 두 상품을 따로 경매한다면 A의 낙찰자는 丁이다.

⑤ 두 상품을 따로 경매한다면 B에서 얻는 수입은 80,000원이다.

17. 다음에 제시된 명제들이 모두 참일 경우, 이 조건들에 따라 내릴 수 있는 결론으로 적절한 것은?

 a. 인사팀을 좋아하지 않는 사람은 생산팀을 좋아한다.
 b. 기술팀을 좋아하지 않는 사람은 홍보팀을 좋아하지 않는다.
 c. 인사팀을 좋아하는 사람은 비서실을 좋아하지 않는다.
 d. 비서실을 좋아하지 않는 사람은 홍보팀을 좋아한다.

① 홍보팀을 싫어하는 사람은 인사팀을 좋아한다.

② 비서실을 싫어하는 사람은 생산팀도 싫어한다.

③ 기술팀을 싫어하는 사람은 생산팀도 싫어한다.

④ 생산팀을 좋아하는 사람은 기술팀을 싫어한다.

⑤ 생산팀을 좋아하지 않는 사람은 기술팀을 좋아한다.

18. 다음과 같은 상황 하에서 'so what?' 기법을 활용한 논리적인 사고로 가장 바람직한 사고 행위는 어느 것인가?

• 청년 실업률이 사상 최고를 경신했다.
• 중소기업에서는 구인난이 갈수록 심각해지고 있다.
• 광공업지수가 하락하기 시작했고 기업들의 생산성 지표도 증가세가 주춤하고 있다.

① 군 복무를 희망하는 청년들이 순서를 기다리며 밀려 있다.

② 취업지원 프로그램의 문제점을 점검하여 재정비에 나서야 한다.

③ 외국인근로자들을 필요로 하는 사업주들이 늘고 있다.

④ 기업에서는 비정규직의 정규직 전환이 계획보다 더디게 진행된다.

⑤ 기업들의 인건비와 비용 절감을 위한 노력이 계속된다.

19. 다음 글의 내용이 참일 때 반드시 참이라고 할 수 없는 것은?

- 철이는 영이를 좋아하거나 돌이는 영이를 좋아하거나 석이가 영이를 좋아한다.
- 물론 철이, 돌이, 석이가 동시에 영이를 좋아할 수도 있고, 그들 중 어느 두 사람이 영이를 좋아할 수도 있다.
- 다시 말해서 철이, 돌이, 석이 중 적어도 한 사람은 영이를 좋아한다.
- 그런데 철이가 영이를 좋아한다면 영이는 건강한 여성임이 분명하다.
- 그리고 돌이가 좋아하는 사람은 모두 능력이 있는 사람이다.
- 영이가 원만한 성격의 소유자인 경우에만 석이는 영이를 좋아한다.

① 영이는 건강한 여성이거나 능력이 있거나 또는 원만한 성격의 소유자이다.

② 철이와 석이 둘 다 영이를 좋아하지 않는다면, 영이는 능력이 있는 사람이다.

③ 영이가 건강한 여성이 아니라면, 돌이는 영이를 좋아하거나 석이가 영이를 좋아한다.

④ 영이가 원만한 성격의 소유자라면, 철이와 돌이 둘 모두 영이를 좋아하지 않는다.

⑤ 돌이가 영이를 좋아하지 않는다면, 영이는 건강한 여성이거나 원만한 성격의 소유자이다.

20. 영식이는 자신의 업무에 필요하다고 생각하여 국제인재개발원에서 수강할 과목을 선택하려고 한다. 영식이가 선택할 과목에 대해 주변의 지인 A~E가 다음과 같이 진술하였는데 이 중 한 사람의 진술을 거짓이고 나머지 사람들의 진술을 모두 참인 것으로 밝혀졌다. 영식이가 반드시 수강할 과목만으로 바르게 짝지어진 것은?

- A : 영어를 수강할 경우 중국어도 수강한다.
- B : 영어를 수강하지 않을 경우, 일본어도 수강하지 않는다.
- C : 영어와 중국어 중 적어도 하나를 수강한다.
- D : 일본어를 수강할 경우에만 중국어를 수강한다.
- E : 일본어를 수강하지만 영어는 수강하지 않는다.

① 일본어

② 영어

③ 일본어, 중국어

④ 일본어, 영어

⑤ 일본어, 영어, 중국어

21. 갑, 을, 병, 정, 무 다섯 사람은 일요일부터 목요일까지 5일 동안 각각 이틀 이상 아르바이트를 한다. 다음 조건을 모두 충족시켜야 할 때, 다음 중 항상 옳지 않은 것은?

- ㉠ 가장 적은 수가 아르바이트를 하는 요일은 수요일뿐이다.
- ㉡ 갑은 3일 이상 아르바이트를 하는데 병이 아르바이트를 하는 날에는 쉰다.
- ㉢ 을과 정 두 사람만이 아르바이트 일수가 같다.
- ㉣ 병은 평일에만 아르바이트를 하며, 연속으로 이틀 동안만 한다.
- ㉤ 무는 항상 갑이나 병과 같은 요일에 함께 아르바이트를 한다.

① 어느 요일이든 아르바이트 인원수는 확정된다.

② 갑과 을, 병과 정의 아르바이트 일수를 합한 값은 같다.

③ 두 사람만이 아르바이트를 하는 요일이 확정된다.

④ 어떤 요일이든 아르바이트를 하는 인원수는 짝수이다.

⑤ 일요일에 아르바이트를 하는 사람은 항상 같다.

22. 다음의 내용에 따라 두 번의 재배정을 한 결과, 병이 홍보팀에서 수습 중이다. 다른 신입사원과 최종 수습부서를 바르게 연결한 것은?

신입사원을 뽑아서 1년 동안의 수습 기간을 거치게 한 후, 정식사원으로 임명을 하는 한 회사가 있다. 그 회사는 올해 신입사원으로 2명의 여자 직원 갑과 을, 그리고 2명의 남자 직원 병과 정을 뽑았다. 처음 4개월의 수습기간 동안 갑은 기획팀에서, 을은 영업팀에서, 병은 총무팀에서, 정은 홍보팀에서 각각 근무하였다. 그 후 8개월 동안 두 번의 재배정을 통해서 신입사원들은 다른 부서에서도 수습 중이다. 재배정할 때마다 다음의 세 원칙 중 한 가지 원칙만 적용되었고, 같은 원칙은 다시 적용되지 않았다.

〈원칙〉
1. 기획팀에서 수습을 거친 사람과 총무팀에서 수습을 거친 사람은 서로 교체해야 하고, 영업팀에서 수습을 거친 사람과 홍보팀에서 수습을 거치 사람은 서로 교체한다.
2. 총무팀에서 수습을 거친 사람과 홍보팀에서 수습을 거친 사람만 서로 교체한다.
3. 여성 수습사원만 서로 교체한다.

① 갑 – 총무팀

② 을 – 영업팀

③ 을 – 총무팀

④ 정 – 영업팀

⑤ 정 – 총무팀

23. 쓰레기를 무단 투기하는 사람을 찾기 위해 고심하던 아파트 관리인 세상씨는 다섯 명의 입주자 A, B, C, D, E를 면담했다. 이들은 각자 다음과 같이 이야기를 했다. 이 가운데 두 사람의 이야기는 모두 거짓인 반면, 세 명의 이야기는 모두 참이라고 한다. 다섯 명 가운데 한 명이 범인이라고 할 때 쓰레기를 무단 투기한 사람은 누구인가?

- A : 쓰레기를 무단 투기하는 것을 나와 E만 보았다. B의 말은 모두 참이다.
- B : 쓰레기를 무단 투기한 것은 D이다. D가 쓰레기를 무단 투기하는 것을 E가 보았다.
- C : D는 쓰레기를 무단 투기하지 않았다. E의 말은 참이다.
- D : 쓰레기를 무단 투기하는 것을 세 명의 주민이 보았다. B는 쓰레기를 무단 투기하지 않았다.
- E : 나와 A는 쓰레기를 무단 투기하지 않았다. 나는 쓰레기를 무단 투기하는 사람을 아무도 보지 못했다.

① A
② B
③ C
④ D
⑤ E

24. A, B, C, D, E 5명의 입사성적을 비교하여 높은 순서로 순번을 매겼더니 다음과 같은 사항을 알게 되었다. 입사성적이 두 번째로 높은 사람은?

- 순번 상 E의 앞에는 2명 이상의 사람이 있고 C보다는 앞이었다.
- D의 순번 바로 앞에는 B가 있다.
- A의 순번 뒤에는 2명이 있다.

① A
② B
③ C
④ D
⑤ E

25. D그룹 홍보실에서 근무하는 사원 민경씨는 2022년부터 적용되는 새로운 조직 개편 기준에 따라 홈페이지에 올릴 조직도를 만들려고 한다. 다음 조직도의 빈칸에 들어갈 것으로 옳지 않은 것은?

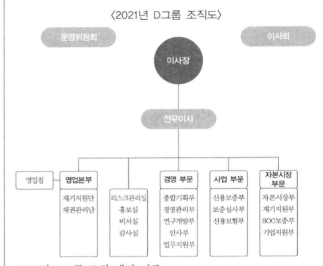

〈2021년 D그룹 조직도〉

2022년 D그룹 조직 개편 기준
- 명칭변경 : 사업부문 → 신용사업부문
- 감사위원회를 신설하고 감사실을 감사위원회 소속으로 이동한다.
- 경영부문을 경영기획부문과 경영지원부문으로 분리한다.
- 경영부문의 종합기획부, 경영관리부, 연구개발부는 경영기획부문으로 인사부, 업무지원부는 경영지원부문으로 각각 소속된다.
- 업무지원부의 IT 관련 팀을 분리하여 IT전략부를 신설한다.

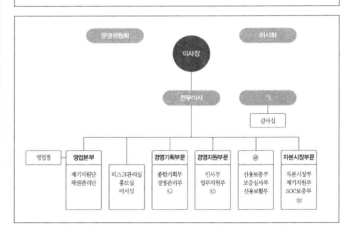

① ㉠ : 감사위원회
② ㉡ : 연구개발부
③ ㉢ : IT전략부
④ ㉣ : 사업부문
⑤ ㉤ : 기업지원부

26. 다음 글에 나타난 집단에 관한 설명으로 옳지 않은 것은?

> • ○○ 집단은 정서적인 뜻에서의 친밀한 인간관계를 겨누어 사람들의 역할관계가 개인의 특성에 따라 자연적이고 비형식적으로 분화되어 있는 집단을 말한다.
> • ○○ 집단은 호손 실험에 의하여 '제1차 집단의 재발견'으로 평가되었으며, 그 특질은 자연발생적이며 심리집단적이고 결합 자체를 목적으로 하여 감정의 논리에 따라 유동적·비제도적으로 행동하는 데 있다.
> • 관료적인 거대조직에 있어서 인간회복의 수단으로 ○○ 집단을 유효하게 이용하여 관료제의 폐단을 완화하려는 발상이 생겨났는데, 이를 인간관계적 어프로치라고 한다.

① 조직에서 오는 소외감을 감소시켜 준다.

② 조직에서 의식적으로 만든 집단으로 집단의 목표, 임무가 명확하게 규정되어 있다.

③ 조직구성원들의 요구에 따라 자발적으로 형성된 집단이다.

④ 조직구성원들의 사기(morale)와 생산력을 높여 준다.

⑤ 조직구성원들의 상호의사소통이 활발하다.

27. 다음 글을 읽고 진성이가 소속된 부서로 알맞은 것은?

> 진성이가 소속된 부서는 매주 월요일마다 직원들이 모여 경영계획에 대한 회의를 한다. 이번 안건은 최근 문제가 된 중장기 사업계획으로, 이를 종합하여 조정을 하거나 적절하게 예산 수립을 하기 위해 의견을 공유하는 자리가 되었다. 더불어 오후에는 기존의 사업의 손익을 추정하여 관리 및 분석을 통한 결과를 부장님께 보고하기로 하였다.

① 총무부   ② 인사부

③ 기획부   ④ 회계부

⑤ 영업부

28. A 대기업 경영전략팀은 기업의 새로운 도약을 위하여 2017 1차 경영토론회를 주최 하였다. 다음 중 토론자들의 경영시장 종류에 대한 발언으로 옳지 않은 것은?

① 블루오션은 아직 우리가 모르고 있는 가능성의 시장 공간이라 할 수 있습니다.

② 블루오션은 기존 산업의 경계선 바깥에서 새롭게 창출되는 시장을 말합니다.

③ 레드오션은 산업 간 경계선이 명확하게 그어져 있습니다.

④ 레드오션은 어떻게 경쟁자를 앞지를 것인가에 대한 '시장 경쟁전략'을 말합니다.

⑤ 블루오션은 경쟁을 목표로 하고 존재하는 소비자와 현존하는 시장에 초점을 맞췄습니다.

29. 주어진 글의 빈칸에 들어갈 말로 가장 적절한 것은?

> 조직이 지속되게 되면 조직구성원들 간 생활양식이나 가치를 공유하게 되는데 이를 조직의 (㉠)라고 한다. 이는 조직구성원들의 사고와 행동에 영향을 미치며 일체감과 정체성을 부여하고 조직이 (㉡)으로 유지되게 한다. 최근 이에 대한 중요성이 부각되면서 긍정적인 방향으로 조성하기 위한 경영층의 노력이 이루어지고 있다.

① ㉠ : 목표, ㉡ : 혁신적

② ㉠ : 구조, ㉡ : 단계적

③ ㉠ : 문화, ㉡ : 안정적

④ ㉠ : 규칙, ㉡ : 체계적

⑤ ㉠ : 목적, ㉡ : 효율적

▌30~31▐ 다음 결재규정을 보고 주어진 상황에 알맞게 작성된 양식을 고르시오.

〈결재규정〉

• 결재를 받으려면 업무에 대해서는 최고결재권자(대표이사)를 포함한 이하 직책자의 결재를 받아야 한다.
• '전결'이라 함은 회사의 경영활동이나 관리활동을 수행함에 있어 의사결정이나 판단을 요하는 일에 대하여 최고결재권자의 결재를 생략하고, 자신의 책임 하에 최종적으로 의사결정이나 판단을 하는 행위를 말한다.
• 전결사항에 대해서도 위임 받은 자를 포함한 이하 직책자의 결재를 받아야 한다.
• 표시내용 : 결재를 올리는 자는 최고결재권자로부터 전결사항을 위임 받은 자가 있는 경우 결재란에 전결이라고 표시하고 최종 결재권자에 위임 받은 자를 표시한다. 다만, 결재가 불필요한 직책자의 결재란은 상황대각선으로 표시한다.
• 최고결재권자의 결재사항 및 최고결재권자로부터 위임된 전결사항은 다음의 표에 따른다.

구분	내용	금액기준	결재서류	팀장	본부장	대표이사
접대비	거래처 식대, 경조사비 등	20만 원 이하	접대비지출품의서 지출결의서	● ■		
		30만 원 이하			● ■	
		30만 원 초과				● ■
교통비	국내 출장비	30만 원 이하	출장계획서 출장비신청서	● ■		
		50만 원 이하		●	■	
		50만 원 초과		●		■
	해외 출장비			●		■
소모품비	사무용품		지출결의서			■
	문서, 전산소모품					■
	기타 소모품	20만 원 이하		■		
		30만 원 이하			■	
		30만 원 초과				■
교육 훈련비	사내외 교육		기안서 지출결의서	●		■
법인카드	법인카드 사용	50만 원 이하	법인카드신청서	■		
		100만 원 이하			■	
		100만 원 초과				■

● : 기안서, 출장계획서, 접대비지출품의서
■ : 지출결의서, 세금계산서, 발행요청서, 각종 신청서

30. 영업부 사원 L씨는 편집부 K씨의 부친상에 부조금 50만 원을 회사 명의로 지급하기로 하였다. L씨가 작성한 결재 방식은?

①

접대비지출품의서				
결재	담당	팀장	본부장	최종 결재
	L	/	/	팀장

②

접대비지출품의서				
결재	담당	팀장	본부장	최종 결재
	L	/	전결	본부장

③

지출결의서				
결재	담당	팀장	본부장	최종 결재
	L	전결	/	대표이사

④

지출결의서				
결재	담당	팀장	본부장	최종 결재
	L			대표이사

⑤

지출결의서				
결재	담당	팀장	본부장	최종 결재
		L		대표이사

31. 영업부 사원 I씨는 거래업체 직원들과 저녁 식사를 위해 270,000원을 지불하였다. I씨가 작성해야 하는 결재 방식으로 옳은 것은?

①

접대비지출품의서				
결재	담당	팀장	본부장	최종 결재
	I	/	/	전결

②

접대비지출품의서				
결재	담당	팀장	본부장	최종 결재
	I	전결		본부장

③

지출결의서			
결재	담당	팀장	본부장	최종 결재
	I	전결		본부장

④

접대비지출품의서			
결재	담당	팀장	본부장	최종 결재
	I		전결	본부장

⑤

지출결의서			
결재	담당	팀장	본부장	최종 결재
	I			팀장

32. 다음과 같은 팀장의 지시를 받은 오 대리가 업무를 처리하기 위해 들러야 하는 조직의 명칭이 순서대로 올바르게 나열된 것은?

"오 대리, 갑자기 본부장님의 급한 지시 사항을 처리해야 하는데, 나 좀 도와줄 수 있겠나? 어제 사장님께 보고 드릴 자료를 완성했는데, 자네가 혹시 오류나 수정 사항이 있는지를 좀 확인해 주고 남 비서에게 전달을 좀 해 주게. 그리고 모레 있을 바이어 미팅은 대형 계약 성사를 위해 매우 중요한 일이 될 테니 계약서 초안 검토 작업이 어느 정도 되고 있는지도 한 번 알아봐 주게. 오는 길에 바이어 픽업 관련 배차 현황도 다시 한 번 확인해 주고, 다음 주 선적해야 할 물량 통관 작업에는 문제없는 지 확인해서 박 과장에게 알려줘야 하네. 실수 없도록 잘 좀 부탁하네."

① 총무팀, 회계팀, 인사팀, 법무팀
② 자금팀, 기획팀, 인사팀, 회계팀
③ 기획팀, 총무팀, 홍보팀, 물류팀
④ 기획팀, 비서실, 회계팀, 물류팀
⑤ 비서실, 법무팀, 총무팀, 물류팀

33. 중국은 아시아 동부에 있는 국가로써, BC 221년 진(秦)나라의 시황제(始皇帝)가 처음으로 통일을 이루었다. 또한 중국 최후의 통일왕조인 청(淸)나라에 이어 중화민국이 세워졌고, 국민당의 국민정부가 들어섰다. 이후 1949년 공산당이 중화인민공화국을 세운 굴곡진 역사가 많은 국가인데 다음 중 중국의 에티켓으로 옳지 않은 항목을 모두 고른 것은?

㉠ 찻잔은 가득 채워야 한다.
㉡ 식사 중에 생선을 뒤집어 발라먹지 말아야 한다.
㉢ 회전 테이블은 시계 방향으로 돌리되 상석부터 돌리는 것이 예의이다.
㉣ 식사 중일 시에는 젓가락을 접시 끝에 받쳐놓고 식사를 마쳤을 때는 젓가락 받침대 위에 올려둔다.
㉤ 음식이 바뀔 때마다 새로운 접시로 바뀌기 때문에 먹을 만큼만 덜어서 먹고 음식이 앞 접시에 남지 않게 해야 한다.

① ㉠
② ㉠, ㉢
③ ㉡, ㉣
④ ㉢, ㉤
⑤ ㉢, ㉣, ㉤

34. 모바일 중견회사 감사 부서에서 생산 팀에서 생산성 10% 하락, 팀원들 간의 적대감이나 잦은 갈등, 비효율적인 회의 등의 문제점을 발견하였다. 이를 해결하기 위한 방안으로 가장 적절한 것을 고르시오.

① 아이디어가 넘치는 환경 조성을 위해 많은 양의 아이디어를 요구한다.
② 어느 정도 시간이 필요하므로 갈등을 방치한다.
③ 동료의 행동과 수행에 대한 피드백을 감소시킨다.
④ 의견 불일치가 발생할 경우 생산팀장은 제3자로 개입하여 중재한다.
⑤ 리더가 팀을 통제하고 발언의 기회를 줄인다.

35. 기업 인사팀에서 근무하면서 2021 상반기 신입사원 워크숍 교육 자료를 만들게 되었다. 워크숍 교육 자료에서 팀워크 활성 방안으로 적절하지 않은 것은?

① 아이디어의 질을 따지기보다 아이디어를 제안하도록 장려한다.
② 양질 의사결정을 내리기 위해 단편적 질문을 고려한다.
③ 의사결정을 내릴 때는 팀원들의 의견을 듣는다.
④ 각종 정보와 정보의 소스를 획득할 수 있다.
⑤ 동료의 피드백을 장려한다.

36. 다음 중 동기부여 방법으로 옳지 않은 것은?

① 긍정적 강화법을 활용한다.
② 새로운 도전의 기회를 부여한다.
③ 몇 가지 코칭을 한다.
④ 일정기간 교육을 실시한다.
⑤ 변화를 두려워하지 않는다.

37. 김 대리는 사내 교육 중 하나인 리더십 교육을 들은 후 관련 내용을 다음과 같이 정리하였다. 다음 제시된 내용을 보고 잘못 정리한 부분을 찾으면?

임파워먼트	
개념	• 리더십의 핵심 개념 중 하나, '권한 위임'이라고 할 수 있음 • ㉠ 조직 구성원들을 신뢰하고 그들의 잠재력을 믿으며, 그 잠재력의 개발을 통해 고성과 조직이 되도록 하는 일련의 행위 • 권한을 위임받았다고 인식하는 순간부터 직원들의 업무효율성은 높아짐
충족기준	• 여건의 조성 : 임파워먼트는 사람들이 자유롭게 참여하고 기여할 수 있는 일련의 여건들을 조성하는 것 • ㉡ 재능과 에너지의 극대화 : 임파워먼트는 사람들의 재능과 욕망을 최대한으로 활용할 뿐만 아니라, 나아가 확대할 수 있도록 하는 것 • 명확하고 의미 있는 목적에 초점 : 임파워먼트는 사람들이 분명하고 의미 있는 목적과 사명을 위해 최대의 노력을 발휘하도록 해주는 것
여건	• 도전적이고 흥미 있는 일 • 학습과 성장의 기회 • ㉢ 높은 성과와 지속적인 개선을 가져오는 요인들에 대한 통제 • 성과에 대한 지식 • 긍정적인 인간관계 • 개인들이 공헌하며 만족한다는 느낌 • 상부로부터의 지원
장애요인	• 개인 차원 : 주어진 일을 해내는 역량의 결여, 동기의 결여, 결의의 부족, 책임감 부족, 의존성 • ㉣ 대인 차원 : 다른 사람과의 성실성 결여, 약속 불이행, 성과를 제한하는 조직의 규범, 갈등처리 능력 부족, 제한된 정책과 절차 • ㉤ 관리 차원 : 통제적 리더십 스타일, 효과적 리더십 발휘 능력 결여, 경험 부족, 정책 및 기획의 실행 능력 결여, 비전의 효과적 전달 능력 결여 • 조직 차원 : 공감대 형성이 없는 구조와 시스템

① ㉠
② ㉡
③ ㉢
④ ㉣
⑤ ㉤

38. 다음 중 '팀원들의 강점을 잘 활용하여 팀 목표를 달성하는 효과적인 팀'의 핵심적인 특징으로 적절하지 않은 것을 모두 고르면?

가. 팀의 사명과 목표를 명확하게 기술한다.
나. 창조적으로 운영된다.
다. 결과보다 과정과 방법에 초점을 맞춘다.
라. 역할과 책임을 명료화시킨다.
마. 개인의 강점을 활용하기보다 짜인 시스템을 활용한다.
바. 팀원 간에 멤버십 역할을 공유한다.
사. 의견의 불일치를 건설적으로 해결한다.
아. 의사소통에 있어 보안유지를 철저히 준수한다.
자. 객관적인 결정을 내린다.

① 다, 마, 바, 아
② 마, 자
③ 다, 사, 아, 자
④ 마, 바, 아, 자
⑤ 다, 바, 자

39. 다음과 같은 팀 내 갈등을 원만하게 해결하기 위하여 팀원들이 함께 모색해 보아야 할 사항으로 가장 적절하지 않은 것은?

평소 꼼꼼하고 치밀하며 안정주의를 지향하는 성격인 정 대리는 위험을 감수하거나 모험에 도전하는 일만큼 우둔한 것은 없다고 생각한다. 그런 성격 덕분에 정 대리는 팀 내 경비 집행 및 예산 관리를 맡고 있다. 한편, 정 대리와 입사동기인 남 대리는 디테일에는 다소 약하지만 진취적, 창조적이며 어려운 일에 도전하여 뛰어난 성과를 달성하는 모습을 자신의 장점으로 가지고 있다. 두 사람은 팀의 크고 작은 업무 추진에 있어 주축을 이뤄가며 조화로운 팀을 꾸려가는 일에 늘 앞장을 서 왔지만 왠지 최근 들어 자주 부딪히는 모습이다. 이에 다른 직원들까지 업무 성향별로 나뉘는 상황이 발생하여 팀장은 큰 고민에 빠져있다. 다음 달에 있을 중요한 프로젝트 추진을 앞두고, 두 사람의 단결된 힘과 각자의 리더십이 필요한 상황이다.

① 각각의 주장을 검토하여 잘못된 부분을 지적하고 고쳐주는 일
② 어느 한쪽으로도 치우치지 않고 중립을 지키는 일
③ 차이점보다 유사점을 파악하도록 돕는 일
④ 다른 사람들을 참여시켜서 개방적으로 토의하게 하는 일
⑤ 느낌이나 성격이 아니라 사실이나 행동에 초점을 두는 일

40. 다음에 제시된 인물의 사례 중 동일한 멤버십 유형으로 구분하기 어려운 한 사람은 누구인가?

① 갑 : 별다른 아이디어가 없으며, 묵묵히 주어진 업무를 수행한다.
② 을 : 조직을 믿고 팀플레이를 하는 데 익숙하다.
③ 병 : 기존의 질서를 따르는 것이 무엇보다 중요하다고 여기며, 리더의 의견을 거스르지 않는다.
④ 정 : 조직의 운영 방침에 민감한 태도를 보이게 된다.
⑤ 무 : 획일적인 태도에 익숙하며, 대체로 기쁘고 즐거운 마음으로 업무에 임한다.

MG새마을금고

일반직 6급 필기전형

NCS 직업기초능력평가

제 1 회	영 역	의사소통능력, 수리능력, 문제해결능력, 조직이해능력, 대인관계능력
	문항수	총 40문항
	시 간	40분
	비 고	객관식 5지선다형

SEOWONGAK
(주)서원각

제1회 NCS 직업기초능력평가 모의고사

1. 다음 글에서 ⓐ : ⓑ의 의미 관계와 가장 유사한 것은?

> 역사적으로 볼 때 시민 혁명이나 민중 봉기 등의 배경에는 정부의 과다한 세금 징수도 하나의 요인으로 자리 잡고 있다. 현대에도 정부가 세금을 인상하여 어떤 재정 사업을 하려고 할 때, 국민들은 자신들에게 별로 혜택이 없거나 부당하다고 생각될 경우 ⓐ납세 거부 운동을 펼치거나 정치적 선택으로 조세 저항을 표출하기도 한다. 그래서 세계 대부분의 국가는 원활한 재정 활동을 위한 조세 정책에 골몰하고 있다.
> 경제학의 시조인 아담 스미스를 비롯한 많은 경제학자들이 제시하는 바람직한 조세 원칙 중 가장 대표적인 것이 공평과 효율의 원칙이라 할 수 있다. 공평의 원칙이란 특권 계급을 인정하지 않고 국민은 누구나 자신의 능력에 따라 세금을 부담해야 한다는 의미이고, 효율의 원칙이란 정부가 효율적인 제도로 세금을 과세해야 하며 납세자들로부터 불만을 최소화할 수 있는 방안으로 ⓑ징세해야 한다는 의미이다.

① 컴퓨터를 사용한 후에 반드시 전원을 꺼야 한다.
② 관객이 늘어남에 따라 극장이 점차 대형화되었다.
③ 자전거 타이어는 여름에 팽창하고 겨울에 수축한다.
④ 먼 바다에 나가기 위해서는 배를 먼저 수리해야 한다.
⑤ 얇게 뜬 김은 부드럽고 맛이 좋아서 높은 값에 팔린다.

2. 다음 글을 순서에 맞게 바르게 배열한 것은?

> ㉠ 꼭 필요한 것을 빼놓아서는 안 되지만, 배낭의 무게는 자기 체중을 넘지 않는 것이 좋습니다.
> ㉡ 배낭에 물건들을 배치할 때에는 배낭의 무게가 등 전체에 골고루 분산되도록 해야 합니다.
> ㉢ 또한 가벼운 물건은 아래에, 무거운 물건은 위에 넣어야 체감 하중을 줄일 수 있습니다.
> ㉣ 등산 배낭을 꾸릴 때에는 먼저 목적지와 여행 일정을 고려해야 합니다.

① ㉠㉡㉣㉢
② ㉣㉡㉢㉠
③ ㉣㉠㉡㉢
④ ㉣㉢㉠㉡
⑤ ㉢㉣㉠㉡

3. 다음 밑줄 친 부분과 같은 의미로 사용된 것은?

> 마치 죽어 가는 환자 앞에서 금방 나을 병이니 아무 염려 말라고 위로하는 의사와 흡사한 태도를 취하는 사람이 더러 있었기 때문이다.

① 여러 가지 중에서 새것을 취하다
② 그는 친구에게서 모자라는 돈을 취했다.
③ 수술 후 어머니는 조금씩 음식을 취하기 시작하셨다.
④ 그는 엉덩이를 의자에 반만 붙인 채 당장에라도 일어설 자세를 취하고 있었다.
⑤ 아버지는 나의 직업 선택에 대하여 관망하는 듯한 태도를 취하고 계셨다.

4. 다음에 제시된 문장의 밑줄 친 부분의 의미가 나머지와 가장 다른 것은?

① 신태성은 쓴 것을 접어서 봉투를 훅 불어 그 속에 넣는다.
② 뜨거운 차를 불어 식히다.
③ 촛불을 입으로 불어서 끄다.
④ 유리창에 입김을 불다.
⑤ 사무실에 영어 회화 바람이 불다.

5. 다음 문장이 들어가기에 알맞은 곳은?

> 채용시즌을 따로 두지 않고 수시로 채용하는 미국·독일 기업은 해당 직무에 맞는 인재를 뽑아 채용과 동시에 활용할 수 있다. 직원의 적응력과 전문성이 높고, 채용 비용이 비교적 덜 든다.

> ㉠ 공채와 수시 채용은 각각 장·단점이 있다. 공채 방식은 짧은 기간 동안 대규모 인원을 채용할 때 유리하다. 직무 연수 등을 함께 받고, 기수·서열 문화가 자연스레 생기기 때문에 조직 충성도가 높은 편이다.
> ㉡ 그러나 범용 인재를 뽑기 때문에 입사 직후 곧바로 현장에 투입하긴 어렵다. 추가적인 교육비용이 필요하며 지원자 입장에서도 치열한 입사경쟁을 뚫어야 하기 때문에 많은 준비가 필요하다.
> ㉢ 보직 이동이 자유롭지 않고, 조직 충성도가 낮아 이직이 잦은 건 단점으로 꼽는다.

① ㉠의 앞
② ㉠의 뒤
③ ㉡의 뒤
④ ㉢의 뒤
⑤ 글의 내용과 어울리지 않는다.

6. 다음 중 아래의 밑줄 친 ㉠과 같은 의미로 사용된 것은?

> 시를 창작할 때는 시어를 잘 선택하여 사용하는 것이 중요합니다. 어떤 시어를 사용하느냐에 따라 시의 느낌이 달라지기 때문이죠. 시인이 시를 창작하는 과정에서 아래의 괄호 안에 있는 두 개의 시어 중 ㉠하나를 선택하는 상황이라고 가정해 봅시다. 시인이 밑줄 친 시어를 선택함으로써 얻을 수 있었던 효과가 무엇일지 한 명씩 발표해 보도록 합시다.

① 우리 모두 하나가 되어 이 나라를 지킵시다.
② 하나는 소극적 자유요, 하나는 적극적 자유이다.
③ 달랑 가방 하나만 들고 있었다.
④ 언제나처럼 그는 피곤했고, 무엇 하나 기대를 걸 만한 것도 없었다.
⑤ 너한테는 잘못이 하나도 없다.

7. 다음 문맥상 (   ) 안에 들어갈 내용으로 가장 적절한 것은?

> 과학을 잘 모르는 사람들이 갖는 두 가지 편견이 있다. 그 하나의 극단은 과학은 인간성을 상실하게 할 뿐만 아니라 온갖 공해와 전쟁에서 대량 살상을 하는 등 인간의 행복을 빼앗아가는 아주 나쁜 것이라고 보는 입장이다. 다른 한 극단은 과학은 무조건 좋은 것, 무조건 정확한 것으로 보는 것이다. 과학의 발달과 과학의 올바른 이용을 위해서 이 두 가지 편견은 반드시 해소되어야 한다. 물론, 과학에는 이 두 가지 얼굴이 있다. 그러나 이 두 가지 측면이 과학의 진짜 모습은 아니다. 아니, 과학이 어떤 얼굴을 하고 있는 것도 아니다. (   )

① 과학의 본 모습은 아무도 모른다.
② 과학의 얼굴은 우리 스스로가 만들어 가는 것이다.
③ 그러므로 과학을 배척해야 한다.
④ 과학의 정확한 정의를 확립해야 한다.
⑤ 과학은 시대에 따라 변한다.

8. 다음 글에서 논리 전개상 불필요한 문장은?

> 민담은 등장인물의 성격 발전에 대해서는 거의 중점을 두지 않는다. ㉠민담에서 과거 사건에 대한 정보는 대화나 추리를 통해서 드러난다. ㉡동물이든 인간이든 등장인물은 대체로 그들의 외적 행위를 통해서 그 성격이 뚜렷하게 드러난다. ㉢민담에서는 등장인물의 내적인 동기에 대해서는 전혀 관심을 기울이지 않는다. ㉣늑대는 크고 게걸스럽고 교활한 반면 아기 염소들은 작고 순진하며 잘 속는다. ㉤말하자면 이들의 속성은 이미 정해져 있어서 민담의 등장인물은 현명함과 어리석음, 강함과 약함, 부와 가난 등 극단적으로 대조적인 양상을 보여 준다.

① ㉠   ② ㉡
③ ㉢   ④ ㉣
⑤ ㉤

9. 다음에서 일정한 규칙을 찾아 빈칸에 들어갈 알맞은 숫자를 바르게 고른 것은?

> 1 2 4 5 16 8 64 (   )

① 11   ② 28
③ 32   ④ 64
⑤ 128

10. 어느 중학교 제빵시간에 단팥빵 26개, 피자빵 40개, 치즈크래커 70개를 다른 반 학생들에게 모두 같은 개수대로 나눠주려고 할 때, 다음 중 옳은 것은? (단, 다른 반 학생은 총 13명이다.)

① 단팥빵은 2개가 부족하다.

② 피자빵은 1개가 남는다.

③ 치즈크래커는 4개가 남는다.

④ 단팥빵은 3개씩 나누어줄 수 있다.

⑤ 피자빵은 2개가 남고, 치즈크래커는 5개가 남는다.

11. 원가가 9,000원인 제품에 15%의 이익이 있도록 정가를 정했는데 직원의 실수로 정가보다 1,000원 더 적은 가격의 스티커를 붙여 제품 50개가 판매되고 나서야 스티커가 잘못 붙었음을 알았다. 정가대로 판매했을 때보다 얼마의 손해를 입었는가?

① 50,000원

② 57,500원

③ 60,000원

④ 67,500원

⑤ 70,000원

12. 어느 인기 그룹의 공연을 준비하고 있는 기획사는 다음과 같은 조건으로 총 1,500장의 티켓을 판매하려고 한다. 티켓 1,500장을 모두 판매한 금액이 6,000만 원이 되도록 하기 위해 판매해야 할 S석 티켓의 수를 구하면?

⑦ 티켓의 종류는 R석, S석, A석 세 가지이다.

④ R석, S석, A석 티켓의 가격은 각각 10만 원, 5만 원, 2만 원이고, A석 티켓의 수는 R석과 S석 티켓의 수의 합과 같다.

① 450장

② 600장

③ 750장

④ 900장

⑤ 1,050장

13. 김과장은 회사 워크숍에 참석하기 위해 퇴근 후 목적지까지 승용차를 이용해 움직이려고 한다. 김과장이 A지역(출발지)에서 G지역(목적지)으로 가기 위해 최단거리의 경로를 선택해 도착할 경우의 그 경로(루트)를 구하면? (단, 각 구간별 숫자는 거리(km)를 나타낸다.)

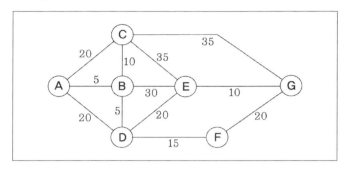

① A − C − G

② A − C − B − E − G

③ A − B − D − E − G

④ A − D − B − E − G

⑤ A − C − B − D − E − G

14. 어느 옷가게에 서로 다른 티셔츠 4개와 서로 다른 바지 5개가 있다. 이 중에서 티셔츠와 바지를 각각 2개씩 사는 방법은 몇 가지인가?

① 56가지

② 60가지

③ 66가지

④ 72가지

⑤ 78가지

15. 현재 누나의 통장에는 12,500원, 동생의 통장에는 20,000원이 들어있다. 앞으로 매달 누나는 2,500원씩, 동생은 1,500원씩 저금을 한다면 몇 개월 후부터 누나의 저금액이 동생의 저금액보다 많아지는가?

① 6개월

② 7개월

③ 8개월

④ 9개월

⑤ 10개월

16. 다음 설명 중 가장 옳은 것은? (단, 불량률은 소수 둘째자리에서 반올림한다)

(단위 : 권)

구분	A출판사		B출판사		C출판사	
	양품	불량품	양품	불량품	양품	불량품
국어교재	270	30	200	10	54	3
수학교재	225	15	216	12	715	55
영어교재	300	25	600	40	850	50

$$※ 불량률 = \frac{불량품}{양품 + 불량품} \times 100$$

① 모든 교재에서 불량률이 A출판사가 가장 높다.
② 국어교재의 불량률은 A출판사가 타 출판사들의 2배 이상이다.
③ 국어교재의 불량률은 B출판사가 가장 낮다.
④ 영어교재의 불량률은 B출판사가 가장 낮다.
⑤ 모든 교재에서 불량률이 B출판사가 가장 낮다.

17. A, B, C, D, E는 형제들이다. 다음의 〈보기〉를 보고 첫째부터 막내까지 올바르게 추론한 것은?

〈보기〉
㉠ A는 B보다 나이가 적다.
㉡ D는 C보다 나이가 적다.
㉢ E는 B보다 나이가 많다.
㉣ A는 C보다 나이가 많다.

① E > B > D > A > C
② E > B > A > C > D
③ E > B > C > D > A
④ D > C > A > B > E
⑤ D > C > A > E > B

18. M사의 총무부 직원 6명(갑, 을, 병, 정, 무, 기)과 인사부 직원 4명(A, B, C, D)은 부서당 1명씩 2인 1조를 이루어 다음 달부터 매일 당직 근무를 서야 한다. 다음 달 1일 갑과 A가 함께 근무를 서고 2일 을과 B, 3일 병과 C, 4일 정과 D, 5일 무와 A, 6일 기와 B, 7일 갑과 C, 8일 을과 D ⋯ 순서로 돌아가며 조를 이루어 당직 근무를 설 경우, 함께 근무를 설 수 없는 직원의 조합은 어느 것인가?

① 을 – D
② 무 – C
③ 병 – A
④ 정 – C
⑤ 기 – B

19. 다음 중 공문서 작성방법에 대한 설명으로 옳지 않은 것은?

① 대외문서이며, 장기간 보관되기 때문에 정확하게 기술해야 한다.
② 내용이 복잡할 경우 '–다음–', '–아래–'와 같은 항목을 만들어 구분한다.
③ 한 장에 담아내는 것을 원칙으로 하며, 마지막엔 반드시 '끝'자로 마무리 한다.
④ 날짜는 연도와 월, 일을 함께 언급하지 않아도 되며, 날짜 다음에 괄호를 사용할 때는 마침표를 찍는다.
⑤ 육하원칙이 드러나도록 써야 한다.

20. L사에서 주력 상품으로 밀고 있는 TV의 판매 이익이 감소하고 있는 상황에서 귀하는 B부장으로부터 3C분석을 통해 해결방안을 강구해 오라는 지시를 받았다. 다음 보기 중 사업환경을 구성하고 있는 3C의 요소는 무엇인가?

① 환경, 고객, 경쟁사
② 자사, 상품, 경쟁사
③ 자사, 고객, 서비스
④ 자사, 고객, 경쟁사
⑤ 환경, 고객, 서비스

21. 다음 내용을 근거로 판단할 때 참말을 한 사람은 누구인가?

A 동아리 학생 5명은 각각 B 동아리 학생들과 30회씩 가위바위보 게임을 하였다. 각 게임에서 이길 경우 5점, 비길 경우 1점, 질 경우 −1점을 받는다. 게임이 모두 끝나자 A 동아리 학생 5명은 자신들이 얻은 합산 점수를 다음과 같이 말하였다.

- 갑 : 내 점수는 148점이다.
- 을 : 내 점수는 145점이다.
- 병 : 내 점수는 143점이다.
- 정 : 내 점수는 140점이다.
- 무 : 내 점수는 139점이다.

이들 중 한 명만 참말을 하고 있다.

① 갑
② 을
③ 병
④ 정
⑤ 무

22. 다음의 (가), (나)는 100만 원을 예금했을 때 기간에 따른 이자에 대한 표이다. 이에 대한 설명으로 옳은 것은? (단, 예금할 때 약정한 이자율은 변하지 않는다)

구분	1년	2년	3년
(가)	50,000원	100,000원	150,000원
(나)	40,000원	81,600원	124,864원

㉠ (가)는 단순히 원금에 대한 이자만을 계산하는 이자율이 적용되었다.
㉡ (가)의 경우, 매년 물가가 5% 상승할 경우(원금+이자)의 구매력을 모든 기간에 같다.
㉢ (나)의 경우, 매년 증가하는 이자액은 기간이 길어질수록 커진다.
㉣ (나)와 달리 (가)와 같은 이자율 계산 방법은 현실에서는 볼 수 없다.

① ㉠, ㉢
② ㉠, ㉣
③ ㉡, ㉣
④ ㉡, ㉢
⑤ ㉠, ㉡, ㉢

23. 윗마을에 사는 남자는 참말만 하고 여자는 거짓말만 한다. 아랫마을에 사는 남자는 거짓말만 하고 여자는 참말만 한다. 이 마을들에 사는 이는 남자거나 여자이다. 윗마을 사람 두 명과 아랫마을 사람 두 명이 다음과 같이 대화하고 있을 때, 반드시 참인 것은?

- 갑 : 나는 아랫마을에 살아.
- 을 : 나는 아랫마을에 살아. 갑은 남자야.
- 병 : 을은 아랫마을에 살아. 을은 남자야.
- 정 : 을은 윗마을에 살아. 병은 윗마을에 살아.

① 갑은 윗마을에 산다.
② 갑과 을은 같은 마을에 산다.
③ 을과 병은 다른 마을에 산다.
④ 을, 병, 정 가운데 둘은 아랫마을에 산다.
⑤ 이 대화에 참여하고 있는 이들은 모두 여자이다.

24. 다음 제시된 조건을 보고, 만일 영호와 옥숙을 같은 날 보낼 수 없다면, 목요일에 보내야 하는 남녀사원은 누구인가?

영업부의 박 부장은 월요일부터 목요일까지 매일 남녀 각 한 명씩 두 사람을 회사 홍보 행사 담당자로 보내야 한다. 영업부에는 현재 남자 사원 4명(길호, 철호, 영호, 치호)과 여자 사원 4명(영숙, 옥숙, 지숙, 미숙)이 근무하고 있으며, 다음과 같은 제약 사항이 있다.

㉠ 매일 다른 사람을 보내야 한다.
㉡ 치호는 철호 이전에 보내야 한다.
㉢ 옥숙은 수요일에 보낼 수 없다.
㉣ 철호와 영숙은 같이 보낼 수 없다.
㉤ 영숙은 지숙과 미숙 이후에 보내야 한다.
㉥ 치호는 영호보다 앞서 보내야 한다.
㉦ 옥숙은 지숙 이후에 보내야 한다.
㉧ 길호는 철호를 보낸 바로 다음 날 보내야 한다.

① 길호와 영숙
② 영호와 영숙
③ 치호와 옥숙
④ 길호와 옥숙
⑤ 영호와 미숙

25. 경영전략 추진과정을 순서대로 바르게 나열한 것은?

① 환경분석 → 경영전략 도출 → 전략목표 설정 → 경영전략 실행 → 평가 및 피드백
② 환경분석 → 전략목표 설정 → 경영전략 도출 → 경영전략 실행 → 평가 및 피드백
③ 전략목표 설정 → 환경분석 → 경영전략 도출 → 경영전략 실행 → 평가 및 피드백
④ 전략목표 설정 → 경영전략 도출 → 환경분석 → 경영전략 실행 → 평가 및 피드백
⑤ 전략목표 설정 → 환경분석 → 경영전략 도출 → 평가 및 피드백 → 경영전략 실행

26. 21세기의 많은 기업 조직들은 불투명한 경영환경을 이겨내기 위해 많은 방법들을 활용하곤 한다. 이 중 브레인스토밍은 일정한 테마에 관하여 회의형식을 채택하고, 구성원의 자유발언을 통한 아이디어의 제시를 요구해 발상의 전환을 이루고 해법을 찾아내려는 방법인데 아래의 글을 참고하여 브레인스토밍에 관련한 것으로 보기 가장 어려운 것을 고르면?

전라남도는 지역 중소·벤처기업, 소상공인들이 튼튼한 지역경제의 버팀목으로 성장하도록 지원하는 정책 아이디어를 발굴하기 위해 27일 전문가 브레인스토밍 회의를 개최했다. 이날 회의는 정부의 경제성장 패러다임이 대기업 중심에서 중소·벤처기업 중심으로 전환됨에 따라 지역 차원에서 기업 지원 관련 기관, 교수, 상공인연합회, 중소기업 대표 등 관련 전문가들을 초청해 이뤄졌다. 회의에서는 중소·벤처기업, 소상공인 육성·지원과 청년창업 활성화를 위한 70여 건의 다양한 제안이 쏟아졌으며, 제안된 내용에 대해 구체적 실행 방안도 토론했다. 회의에 참석한 전문가들은 "중소·벤처기업이 변화를 주도하고, 혁신적 아이디어로 창업해 튼튼한 기업으로 성장하도록 정부와 지자체가 충분한 환경을 구축해주는 시스템의 변화가 필요하다."라고 입을 모았다.

① 쉽게 실행할 수 있고, 다양한 주제를 가지고 실행할 수 있다.
② 이러한 기법의 경우 아이디어의 양보다 질에 초점을 맞춘 것으로 볼 수 있다.
③ 집단의 작은 의사결정부터 큰 의사결정까지 복잡하지 않은 절차를 통해 팀의 구성원들과 아이디어를 공유가 가능하다.
④ 비판 및 비난을 자제하는 것을 원칙으로 한다.
⑤ 집단의 구성원들이 비교적 부담 없이 의견을 표출할 수 있다는 이점이 있다.

　　SWOT이란, 강점(Strength), 약점(Weakness), 기회(Opportunity), 위협(Threat)의 머리글자를 모아 만든 단어로 경영 전략을 수립하기 위한 도구이다. SWOT분석을 통해 도출된 조직의 외부/내부 환경 분석 결과를 통해 각각에 대응하는 전략을 도출하게 된다.

　　SO 전략이란 기회를 활용하면서 강점을 더욱 강화하는 공격적인 전략이고, WO 전략이란 외부환경의 기회를 활용하면서 자신의 약점을 보완하는 전략으로 이를 통해 기업이 처한 국면의 전환을 가능하게 할 수 있다. ST 전략은 외부환경의 위험요소를 회피하면서 강점을 활용하는 전략이며, WT 전략이란 외부환경의 위협요인을 회피하고 자사의 약점을 보완하는 전략으로 방어적 성격을 갖는다.

내부 / 외부	강점(Strength)	약점(Weakness)
기회(Opportunity)	SO 전략 (강점-기획 전략)	WO 전략 (약점-기회 전략)
위협(Threat)	ST 전략 (강점-위협 전략)	WT 전략 (약점-위협 전략)

27. 다음은 어느 패스트푸드 프랜차이즈 기업의 SWOT분석이다. 주어진 전략 중 가장 적절한 것은?

강점 (Strength)	• 성공적인 마케팅과 브랜드의 인지도 • 유명 음료 회사 A와의 제휴 • 종업원에 대한 전문적인 훈련
약점 (Weakness)	• 제품 개발력 • 다수의 프랜차이즈 영업점 관리의 미비
기회 (Opportunity)	• 아직 진출하지 않은 많은 해외 시장의 존재 • 증가하는 외식 시장
위협 (Threat)	• 건강에 민감한 소비자의 증가 • 다양한 경쟁자들의 위협

내부 / 외부	강점(Strength)	약점(Weakness)
기회 (Opportunity)	① 주기적인 영업점 방문 및 점검으로 청결한 상태 유지	② 개발부서의 전문인 경력직원을 확충하여 차별화된 제품 개발
위협 (Threat)	③ 더욱 공격적인 마케팅으로 경쟁자들의 위협을 방어	④ A와의 제휴를 강조하여 소비자의 관심을 돌림 ⑤ 전문적인 종업원 인력을 활용하여 신제품 개발

28. 다음은 어느 어린이 사진관의 SWOT 분석이다. 주어진 전략 중 가장 적절한 것은?

강점 (Strength)	• 경영자의 혁신적인 마인드 • 인근의 유명 산부인과 및 조리원의 증가로 좋은 입지 확보 • 차별화된 시설과 내부 인테리어
약점 (Weakness)	• 회원관리능력의 부족 • 내부 회계능력의 부족
기회 (Opportunity)	• 아이에 대한 관심과 투자의 증가 • 사진 시장 규모의 확대
위협 (Threat)	• 낮은 출산율 • 스스로 아이 사진을 찍는 수준 높은 아마추어들의 증가

내부 / 외부	강점(Strength)	약점(Weakness)
기회 (Opportunity)	① 좋은 인테리어를 활용하여 부모가 직접 사진을 찍을 수 있도록 공간을 대여해 줌	② 회원관리를 전담하는 상담직원을 채용하여 부모들의 투자를 유도 ③ 한부모 가족을 위한 차별화된 상품 구축
위협 (Threat)	④ 인근에 새로 생긴 산부인과와 조리원에 집중적으로 마케팅하여 소비자 확보	⑤ 저렴한 가격정책을 내세워 소비자 확보

29. 다음 중 준호가 소속되어있는 부서로 올바른 것은?

　　준호는 매일 아침 회사에 출근하여 그 날의 판매 계획·예산·시장·재고 등을 조사하여 정리한다. 또한 외상매출금이나 견적 및 계약 등의 문제를 해결하기 위해 자료를 조사·검토한다.

① 총무부

② 인사부

③ 기획부

④ 영업부

⑤ 회계부

30. 국제동향 파악 방법으로 옳지 않은 것은?

① 관련 분야 해외 사이트를 방문하여 최신 이슈를 확인한다.

② 해외 서점 사이트를 방문해 최신 서적 목록과 주요 내용을 파악한다.

③ 업무와 관련된 국제잡지를 정기 구독한다.

④ 일주일에 한 번씩 신문의 국제면을 읽는다.

⑤ 국제학술대회에 참여한다.

31. 김 대리는 여성의류 인터넷쇼핑몰 서비스팀에 근무 중으로 최근 불만 및 반품 접수가 증가하고 있어 이와 관련하여 회의를 진행하였다. 아래의 회의록을 보고 알 수 있는 내용은?

회의록

❑ 회의일시 : 2017년 2월 13일

❑ 회의장소 : 웰니스빌딩 3층 303호 소회의장

❑ 부   서 : 물류팀, 개발팀, 서비스팀

❑ 참 석 자 : 물류팀 팀장, 과장, 개발팀 팀장, 과장, 서비스팀 팀장, 과장

❑ 회의 안건

제품 의류에 염료 얼룩으로 인한 고객 불만반품에 따른 원인조사 및 대책방안

❑ 회의 내용

주문폭주로 인한 물량증가로 염료가 덜 마른 부직포 포장지를 사용하여 제품인 의류에 염색 얼룩이 묻은 것으로 추측

❑ 의결 사항

[물류팀]

컬러 부직포로 제품포장 하였던 기존방식에서 내부비닐포장 및 염료를 사용하지 않는 부직포로 2중 포장, 외부 종이상자 포장으로 교체

[서비스팀]

- 주문물량이 급격히 증가했던 일주일 동안 포장된 제품 전격 회수

- 제품을 구매한 고객에 사과문 발송 및 100% 환불 보상 공지

[개발팀]

포장 재질 및 부직포 염료 유해성분 조사

---

① 마케팅팀은 해당 브랜드의 전 제품을 회수 및 100% 환불 보상할 것을 공지한다.

② 주문량이 증가한 날짜는 2017년 02월 13일부터 일주일간이다.

③ 주문량이 많아 염료가 덜 마른 부직포 포장지를 사용한 것이 문제 발생의 원인으로 추측된다.

④ 개발팀에서 제품을 전격 회수해 포장재 및 인쇄된 잉크의 유해성분을 조사하기로 했다.

⑤ 개발팀에서 염료를 사용하지 않는 포장재를 개발할 것으로 추측된다.

32. 팀워크에서 가장 중요한 것은 리더십과 팔로워십이다. 다음 중 팔로워십에 대한 설명으로 옳지 않은 것은?

① 조직의 구성원으로서 자격과 지위를 갖는 것이다.

② 리더십과 팔로워십은 각각 개별적이고 독립적인 관계이다.

③ 리더를 따르는 것으로 헌신, 전문성, 용기, 정직하고 현명한 평가능력이 뒷받침되어야 한다.

④ 조직을 제대로 구성하려면 탁월한 리더와 탁월한 팔로워십을 갖춘 팀원이 있어야 한다.

⑤ 리더십과 팔로워십은 상호보완적인 관계이다.

33. 다음의 사례는 FABE 화법을 활용한 대화내용이다. 이를 읽고 밑줄 친 부분에 대한 내용으로 가장 옳은 것을 고르면?

〈개인 보험가입에 있어서의 재무 설계 시 이점〉

상담원 : 저희 보험사의 재무 설계는 고객님의 자산 흐름을 상당히 효과적으로 만들어 줍니다.

상담원 : 그로 인해 고객님께서는 언제든지 원하는 때에 원하는 일을 이룰 수 있습니다.

상담원 : 그 중에서도 가장 소득이 적고 많은 비용이 들어가는 은퇴시기에 고객님은 편안하게 여행을 즐기시고 또한 언제든지 친구들을 만나서 부담 없이 만나 행복한 시간을 보낼 수 있습니다.

상담원 : 저희 보험사에서 재무 설계는 우선 예산을 조정해 드리고 있으며, 선택과 집중을 통해 고객님의 생애에 있어 가장 중요한 부분들을 먼저 준비할 수 있도록 도와드리기 때문입니다.

---

① 제시하는 상품의 특징을 언급하는 부분이라 할 수 있다.

② 이득이 발생할 수 있음을 예시하는 것이라 할 수 있다.

③ 해당 이익이 고객에게 반영될 시에 발생 가능한 상황을 공감시키는 과정이라고 할 수 있다.

④ 이익이 발생하는 근거를 설명하는 부분이다.

⑤ 해당 상품 및 서비스의 설명이 완료되어 마무리하는 부분이라 할 수 있다.

34. 다음 글에서 나타난 갈등을 해결한 방법은?

> 갑과 을은 일 처리 방법으로 자주 얼굴을 붉힌다. 갑은 처음부터 끝까지 계획을 따라 일을 진행하려고 하고, 을은 일이 생기면 즉흥적으로 해결하는 성격이다. 같은 회사 동료인 병은 이 둘에게 서로의 성향 차이를 인정할 줄 알아야 한다고 중재를 했고, 이 둘은 어쩔 수 없이 포기하는 것이 아닌 서로간의 차이가 있다는 점을 비로소 인정하게 되었다.

① 사람들과 눈을 자주 마주친다.
② 다른 사람들의 입장을 이해한다.
③ 사람들이 당황하는 모습을 자세하게 살핀다.
④ 자신의 의견을 명확하게 밝히고 지속적으로 강화한다.
⑤ 어려운 문제는 피하지 말고 맞선다.

35. 다음 중 거만형 불만고객에 대한 대응방안으로 옳은 것은?

① 때로는 책임자로 하여금 응대하게 하는 것도 좋다.
② 의외로 단순한 면이 있으므로 일단 호감을 얻게 되면 득이 될 경우도 있다.
③ 잠자코 고객의 의견을 경청하고 사과를 하는 응대가 바람직하다.
④ 분명한 증거나 근거를 제시하여 스스로 확신을 갖도록 유도한다.
⑤ 이야기를 맞장구치며 추켜세운다.

36. 다음 중 팀워크의 촉진 방법으로 옳지 않은 것은?

① 개개인의 능력을 우선시 하기
② 갈등 해결하기
③ 참여적으로 의사결정하기
④ 창의력 조성을 위해 협력하기
⑤ 동료 피드백 장려하기

37. 다음 중 대인관계 향상 방법으로 옳지 않은 것은?

① 상대방에 대한 경계심
② 언행일치
③ 사소한 일에 대한 관심
④ 약속의 이행
⑤ 기대의 명확화

38. 배우자의 출산을 이유로 휴가 중인 심 사원의 일을 귀하가 임시로 맡게 되었다. 그러나 막상 일을 맡고 보니 심 사원이 급하게 휴가를 가게 된 바람에 인수인계 자료를 전혀 받지 못해 일을 진행하기 어려운 상황이다. 이때 귀하가 취해야 할 행동으로 가장 적절한 것은?

① 일을 미뤄 뒀다가 심 사원이 휴가에서 복귀하면 맡긴다.
② 심 사원에게 인수인계를 받지 못해 업무를 할 수 없다고 솔직하게 상사에게 말한다.
③ 최대한 할 수 있는 일을 대신 처리하고 모르는 업무는 심 사원에게 전화로 물어본다.
④ 아는 일은 우선 처리하고, 모르는 일은 다른 직원에게 확인한 후 처리한다.
⑤ 심 사원의 일을 알고 있는 다른 직원들과 업무를 임의로 나눈다.

39. 갈등은 다음과 같이 몇 가지 과정을 거치면서 진행되는 것이 일반적인 흐름이라고 볼 때, 빈칸의 (가), (나), (다)에 들어가야 할 말을 순서대로 올바르게 나열한 것은?

> 1. 의견 불일치
> 인간은 다른 사람들과 함께 부딪치면서 살아가게 되는데, 서로 생각이나 신념, 가치관이 다르고 성격도 다르기 때문에 다른 사람들과 의견의 불일치를 가져온다. 많은 의견 불일치는 상대방의 생각과 동기를 설명하는 기회를 주고 대화를 나누다보면 오해가 사라지고 더 좋은 관계로 발전할 수 있지만, 사소한 오해로 인한 작은 갈등이라도 그냥 내버려두면 심각한 갈등으로 발전하게 된다.
>
> 2. 대결 국면
> 의견 불일치가 해소되지 않으면 대결 국면으로 빠져들게 된다. 이 국면에서는 이제 단순한 해결방안은 없고 제기된 문제들에 대하여 새로운 다른 해결점을 찾아야 한다. 일단 대결국면에 이르게 되면 감정이 개입되어 상대방의 주장에 대한 문제점을 찾기 시작하고, 자신의 입장에 대해서는 그럴듯한 변명으로 옹호하면서 양보를 완강히 거부하는 상태에까지 이르게 된다. 즉, (가)은(는) 부정하면서 자기주장만 하려고 한다. 서로의 입장을 고수하려는 강도가 높아지면서 서로 간의 긴장은 더욱 높아지고 감정적인 대응이 더욱 격화되어 간다.

3. 격화 국면

격화 국면에 이르게 되면 상대방에 대하여 더욱 적대적인 현상으로 발전해 나간다. 이제 의견일치는 물 건너가고 (나)을(를) 통해 문제를 해결하려고 하기 보다는 강압적, 위협적인 방법을 쓰려고 하며, 극단적인 경우에는 언어폭력이나 신체적인 폭행으로까지 번지기도 한다. 상대방에 대한 불신과 좌절, 부정적인 인식이 확산되면서 다른 요인들에게까지 불을 붙이는 상황에 빠지기도 한다. 이 단계에서는 상대방의 생각이나 의견, 제안을 부정하고, 상대방은 그에 대한 반격으로 대응함으로써 자신들의 반격을 정당하게 생각한다.

4. 진정 국면

시간이 지나면서 정점으로 치닫던 갈등은 점차 감소하는 진정 국면에 들어선다. 계속되는 논쟁과 긴장이 귀중한 시간과 에너지만 낭비하고 이러한 상태가 무한정 유지될 수 없다는 것을 느끼고 점차 흥분과 불안이 가라앉고 이성과 이해의 원상태로 돌아가려 한다. 그러면서 (다)이(가) 시작된다. 이 과정을 통해 쟁점이 되는 주제를 논의하고 새로운 제안을 하고 대안을 모색하게 된다. 이 단계에서는 중재자, 조정자 등의 제3자가 개입함으로써 갈등 당사자 간에 신뢰를 쌓고 문제를 해결하는 데 도움이 되기도 한다.

5. 갈등의 해소

진정 국면에 들어서면 갈등 당사자들은 문제를 해결하지 않고는 자신들의 목표를 달성하기 어렵다는 것을 알게 된다. 물론 경우에 따라서는 결과에 다 만족할 수 없는 경우도 있지만 어떻게 해서든지 서로 일치하려고 한다.

① 상대방의 자존심 – 업무 – 침묵
② 제3자의 존재 – 리더 – 반성
③ 조직 전체의 분위기 – 이성 – 의견의 일치
④ 상대방의 입장 – 설득 – 협상
⑤ 자신의 잘못 – 객관적 사실 – 제3자의 역할

---

40. 다음 두 조직의 특성을 참고할 때, '갈등관리' 차원에서 본 두 조직에 대한 설명으로 적절하지 않은 것은?

> 감사실은 늘 조용하고 직원들 간의 업무적 대화도 많지 않아 전화도 큰소리로 받기 어려운 분위기다. 다들 무언가를 열심히 하고는 있지만 직원들끼리의 교류나 상호작용은 찾아보기 힘들고 왠지 활기찬 느낌은 없다. 그렇지만 직원들끼리 반목과 불화가 있는 것은 아니며, 부서장과 부서원들 간의 관계도 나쁘지 않아 큰 문제없이 맡은 바 임무를 수행해 나가기는 하지만 실적이 좋지는 않다.
>
> 반면, 빅데이터 운영실은 하루 종일 떠들썩하다. 한쪽에선 시끄러운 전화소리와 고객과의 마찰로 빚어진 언성이 오가며 여기저기 조직원들끼리의 대화가 끝없이 이어진다. 일부 직원은 부서장에게 꾸지람을 듣기도 하고 한쪽에선 직원들 간의 의견 충돌을 해결하느라 열띤 토론도 이어진다. 어딘가 어수선하고 집중력을 요하는 일은 수행하기 힘든 분위기처럼 느껴지지만 의외로 업무 성과는 우수한 조직이다.

① 감사실은 조직 내 갈등이나 의견 불일치 등의 문제가 거의 없어 이상적인 조직으로 평가될 수 있다.
② 빅데이터 운영실에서는 갈등이 새로운 해결책을 만들어 주는 기회를 제공한다.
③ 감사실은 갈등수준이 낮아 의욕이 상실되기 쉽고 조직성과가 낮아질 수 있다.
④ 빅데이터 운영실은 생동감이 넘치고 문제해결 능력이 발휘될 수 있다.
⑤ 두 조직의 차이점에서 '갈등의 순기능'을 엿볼 수 있다.

MG새마을금고

일반직 6급 필기전형

NCS 직업기초능력평가

	영 역	의사소통능력, 수리능력, 문제해결능력, 조직이해능력, 대인관계능력
제 2 회	문항수	총 40문항
	시 간	40분
	비 고	객관식 5지선다형

SEOWONGAK
(주)서원각

제 2 회 NCS 직업기초능력평가 모의고사

문항수 : 40문항
시 간 : 40분

---

1. 다음 ( ) 안에 들어갈 알맞은 단어를 고르면?

> 못난 사람을 보고 '잘났어'라고 하는 것을 ( )법이라 한다.

① 역설
② 비유
③ 반어
④ 풍유
⑤ 은유

---

2. 다음 글을 순서에 맞게 바르게 배열한 것은?

> ㉠ 이런 작용으로 서정시에서 자아는 상상적으로 세계와 하나가 된다.
> ㉡ 그래서 근대 이후의 서정시에서는 자아와 세계 사이의 분열에 대한 자아의 반응을 함축하고 있는 시어들이 자주 나타난다.
> ㉢ 서정적 자아는 세계를 내면화한다.
> ㉣ 그렇지만 근대 이후의 문명사회에서 자아와 세계의 조화나 통일은 달성하기가 매우 어려운 일이다.

① ㉢㉠㉣㉡
② ㉢㉠㉣㉡
③ ㉢㉣㉡㉠
④ ㉢㉡㉠㉣
⑤ ㉣㉢㉠㉡

---

3. 다음 밑줄 친 부분과 같은 의미로 사용된 것은?

> 우리 헌법 제1조 제2항은 "대한민국의 주권은 국민에게 있고, 모든 권력은 국민으로부터 나온다."라고 규정하고 있다. 이 규정은 국가의 모든 권력의 행사가 주권자인 국민의 뜻에 따라 이루어져야 한다는 의미로 해석할 수 있다. 따라서 국회의원은 지역구 주민의 뜻에 따라 입법해야 한다고 생각하는 사람이 있다면, 그는 이 조항에서 근거를 <u>찾으면</u> 될 것이다.

① 은행에서 저금했던 돈을 <u>찾았다.</u>
② 우리나라를 <u>찾은</u> 관광객에게 친절하게 대합시다.
③ 시장은 다시 생기를 <u>찾고</u> 눈알이 핑핑 도는 삶의 터전으로 돌아가기 시작했다.
④ 잃어버린 명예를 다시 <u>찾기란</u> 쉽지 않다.
⑤ 누나가 문제해결의 실마리를 <u>찾았습니다.</u>

---

4. 다음 내용에서 주장하는 바로 가장 적절한 것은?

> 언어와 사고의 관계를 연구한 사피어(Sapir)에 의하면 우리는 객관적인 세계에 살고 있는 것이 아니다. 우리는 언어를 매개로 하여 살고 있으며, 언어가 노출시키고 분절시켜 놓은 세계를 보고 듣고 경험한다. 워프(Whorf) 역시 사피어와 같은 관점에서 언어가 우리의 행동과 사고의 양식을 주조(鑄造)한다고 주장한다. 예를 들어 어떤 언어에 색깔을 나타내는 용어가 다섯 가지밖에 없다면, 그 언어를 사용하는 사람들은 수많은 색깔을 결국 다섯 가지 색 중의 하나로 인식하게 된다는 것이다.

① 언어와 사고는 서로 관련이 없다.
② 언어가 우리의 사고를 결정한다.
③ 인간의 사고는 보편적이며 언어도 그러한 속성을 띤다.
④ 사용언어의 속성이 인간의 사고에 영향을 줄 수는 없다.
⑤ 언어는 분절성을 갖는다.

5. 다음에 제시된 글을 가장 잘 요약한 것은?

> 근대 이전의 대도시들은 한 국가 내에서 중요한 역할을 수행하며 성장해 왔다. 이후 국가와 국가, 도시와 도시를 이어 주는 항공교통 및 인터넷과 같은 새로운 교통·통신 수단이 발달되었고, 전 세계적으로 공간적 분업체계가 형성되어 국가 간의 상호 작용이 촉진되었다. 그 결과 세계 도시에는 국제적 자본이 더욱 집중되었다.
> 이러한 일련의 과정 속에서 세계 도시 간의 계층 구조가 형성되었다. 가장 상위에 있는 세계 도시는 주로 전 세계적인 영향력을 갖추고 있는 선진국에 위치하게 되어 초국적 기업의 중추적 기능과 국제적인 사업 서비스의 역할을 수행해 왔다. 차상위 세계 도시들은 개발도상국의 세계 도시들로 대륙 규모의 허브 기능을 수행하고 있다. 이러한 세계 도시 체계는 국가 단위에서 상위의 도시들이 하위의 도시를 포섭하고 있다. 따라서 계층적 세계 도시 체계에서 세계 경제 성장의 기반이 되는 세계 도시는 더욱 성장하지만, 갈수록 주변부의 성격이 짙어지고 경제성장에서 배제되는 지역도 늘어나고 있다.

① 근대 이전의 대도시들은 국가 내에서 중요한 역할을 수행했다.

② 공간적 분업체계의 형성으로 국가 간의 상호 작용이 촉진되었다.

③ 새로운 교통·통신 수단의 발달로 인해 세계 도시에는 국제적 자본이 집중되었다.

④ 공간적 분업체계에 따른 세계 도시 간의 교류 증가로 세계 도시 간의 계층 구조가 형성되었으며 지역 불균형이 초래되었다.

⑤ 세계 도시 간의 계층 구조가 형성되어 경제성장에서 배제되는 지역은 점차 사라질 것이다.

6. 다음 중 밑줄 친 단어와 같은 의미로 사용된 것은?

> 세계기상기구(WMO)에서 발표한 자료에 <u>따르면</u> 지난 100년 간 지구 온도가 뚜렷하게 상승하고 있다고 한다. 그러나 지구가 점점 더워지고 있다는 말이다. 산업혁명 이후 석탄과 석유 등의 화석 연료를 지속적으로 사용한 결과로 다량의 온실가스가 대기로 배출되었기 때문에 지구온난화현상이 심화된 것이다. 비록 작은 것일지라도 실천할 수 있는 방법들을 찾아보아야 한다. 나는 이번 여름에는 꼭 수영을 배울 것이다. 자전거를 타거나 걸어 다니는 것을 실천해야겠다. 또, 과대 포장된 물건의 구입을 지향해야겠다.

① 식순에 <u>따라</u> 다음은 애국가 제창이 있겠습니다.

② 철수는 어머니를 <u>따라</u> 시장 구경을 갔다.

③ 수학에 있어서만은 반에서 그 누구도 그를 <u>따를</u> 수 없다.

④ 우리는 선생님이 보여 주는 동작을 그대로 <u>따라서</u> 했다.

⑤ 새 사업을 시작하는 데는 많은 어려움이 <u>따르게</u> 될 것이다.

7. 다음 글 뒤에 이어질 내용을 유추한 것으로 가장 알맞은 것은?

> "한국·일본·중국의 세 나라 사람을 돼지우리에 가두면 어떻게 될까?"라는 우스갯소리가 있다. 들어가자마자 맨 먼저 울 밖으로 나오는 것은 두말할 것 없이 일본 사람이다. 성급할 뿐 아니라, 깨끗한 것을 좋아하는 민족이기 때문이다. 다음에 더 이상 못 견디겠다고 비명을 지르고 나오는 것은 그래도 뚝심과 오기가 있는 한국인이다. 그런데 아무리 기다려도 나오지 않는 것이 중국인이다. 끝내 견디지 못하고 나오는 것은 중국인이 아니라 오히려 돼지 쪽이라는 것이다. 중국 사람들이 그만큼 둔하고 더럽다는 욕이지만, 해석하기에 따라서는 끝까지 역경 속에서도 살아남을 수 있는 끈덕지고 통이 큰 대륙 사람이라는 칭찬이 될 수도 있다.

① 한국 사람들은 어느 나라 사람들보다도 뚝심과 오기가 강하다.

② 인생의 역경을 헤쳐 나가기 위해서는 인내심과 지혜가 필요하다.

③ 중국 사람들은 어떤 역경 속에서도 생존할 수 있는 끈질긴 생명력을 지녔다.

④ 같은 말이라도 그것을 받아들이는 사람에 따라서 각기 다르게 이해할 수 있다.

⑤ 일본 사람들은 동양 3국의 국민들 가운데 가장 성급하고, 청결한 것을 좋아한다.

8. 다음은 들은 내용을 구조적으로 정리하는 방법이다. 순서에 맞게 배열하면?

⊙ 관련 있는 내용끼리 묶는다.
ⓒ 묶은 내용에 적절한 이름을 붙인다.
ⓒ 전체 내용을 이해하기 쉽게 구조화한다.
ⓔ 중복된 내용이나 덜 중요한 내용을 삭제한다.

① ⊙, ⓒ, ⓒ, ⓔ
② ⊙, ⓒ, ⓔ, ⓒ
③ ⓒ, ⊙, ⓒ, ⓔ
④ ⓒ, ⊙, ⓔ, ⓒ
⑤ ⓒ, ⓔ, ⊙, ⓒ

9. 다음에서 일정한 규칙을 찾아 빈칸에 들어갈 알맞은 숫자를 바르게 고른 것은?

2	3	8	27	( )	565	3396

① 112
② 129
③ 135
④ 158
⑤ 189

10. 남자 7명, 여자 5명으로 구성된 프로젝트 팀의 원활한 운영을 위해 운영진 두 명을 선출하려고 한다. 남자가 한 명도 선출되지 않을 확률은?

① $\dfrac{1}{11}$

② $\dfrac{4}{33}$

③ $\dfrac{5}{33}$

④ $\dfrac{2}{11}$

⑤ $\dfrac{7}{33}$

11. 어떤 학원의 지난해 학생 수는 230명이었다. 올해에는 지난해에 비해 남학생은 15% 증가하고, 여학생은 6% 감소하여 전체 학생 수는 3명이 증가하였다. 올해 여학생 수는?

① 122명
② 126명
③ 133명   ④ 141명
⑤ 154명

12. 인터넷 통신 한 달 요금이 다음과 같은 A, B 두 회사가 있다. 한샘이는 B 회사를 선택하려고 한다. 월 사용시간이 최소 몇 시간 이상일 때, B 회사를 선택하는 것이 유리한가?

A 회사		B 회사	
기본요금	추가요금	기본요금	추가요금
4,300원	시간당 900원	20,000원	없음

① 15시간
② 16시간
③ 17시간
④ 18시간
⑤ 19시간

13. 아버지가 9만원을 나눠서 세 아들에게 용돈을 주려고 한다. 첫째 아들과 둘째 아들은 2:1, 둘째 아들과 막내아들은 5:3의 비율로 주려고 한다면 막내아들이 받는 용돈은 얼마인가?

① 11,000원
② 12,000원
③ 13,000원
④ 14,000원
⑤ 15,000원

14. 갑동이는 올해 10살이다. 엄마의 나이는 갑동이와 누나의 나이를 한한 값의 두 배이고, 3년 후의 엄마의 나이는 누나의 나이의 세 배일 때, 올해 누나의 나이는 얼마인가?

① 12세
② 13세
③ 14세
④ 15세
⑤ 16세

15. A전자의 신입 사원 응시자가 200명이고, 합격자의 평균은 70점, 불합격자의 평균은 40점이었다. 합격한 사람이 총 160명이라면, 시험 전체 평균 점수는 얼마인가?

① 60점
② 62점
③ 64점
④ 66점
⑤ 68점

16. 다음 〈표〉는 2021년 5월 공항별 운항 및 수송현황에 관한 자료이다. 〈표〉와 〈보기〉를 근거로 하여 A～E에 해당하는 공항을 바르게 나열한 것은?

〈표〉 공항별 운항 및 수송현황

공항＼구분	운항편수(편)	여객수(천 명)	화물량(톤)
인천	20,818	3,076	249,076
A	11,924	1,836	21,512
B	6,406	(가)	10,279
C	11,204	1,820	21,137
D	(나)	108	1,582
광주	944	129	1,290
E	771	121	1,413
전체	52,822	7,924	306,289

※ 전체 공항은 광주, 김포, 김해, 대구, 인천, 제주, 청주공항으로 구성된다.

〈보기〉
㉠ 김포공항과 제주공항 여객수의 합은 인천공항 여객수보다 많다.
㉡ 화물량이 많은 공항부터 순서대로 나열하면 제주공항이 세 번째이다.
㉢ 김해공항 여객수는 광주공항 여객수의 6배 이상이다.
㉣ 운항편수가 적은 공항부터 순서대로 나열하면 대구공항이 두 번째이다.
㉤ 광주공항과 청주공항 운항편수의 합은 전체 운항편수의 5% 미만이다.

	A	B	C	D	E
①	김포	김해	제주	대구	청주
②	김포	김해	제주	청주	대구
③	김포	청주	제주	대구	김해
④	제주	청주	김포	김해	대구
⑤	제주	김해	김포	청주	대구

17. 다음의 사전 정보를 활용하여 제품 A, B, C 중 하나를 사려고 한다. 다음 중 생각할 수 없는 상황은?

- 성능이 좋을수록 가격이 비싸다.
- 성능이 떨어지는 두 종류의 제품 가격의 합은 성능이 가장 좋은 다른 하나의 제품 가격보다 낮다.
- B는 성능이 떨어지는 제품이다.

① A제품이 가장 저렴하다.
② A제품과 B제품의 가격이 같다.
③ A제품과 C제품은 성능이 같다.
④ A제품보다 성능이 좋은 제품도 있다.
⑤ A제품이 가장 비싸다.

18. A, B, C, D, E 다섯 명의 기사가 점심 식사 후 철로 보수작업을 하러 가야 한다. 다음의 조건을 모두 만족할 경우, 항상 거짓인 것은?

> • B는 C보다 먼저 작업을 하러 나갔다.
> • A와 B 두 사람이 동시에 가장 먼저 작업을 하러 나갔다.
> • E보다 늦게 작업을 하러 나간 사람이 있다.
> • D와 동시에 작업을 하러 나간 사람은 없었다.

① E는 D보다 먼저 작업을 하러 나가게 되었다.
② C와 D 중, C가 먼저 작업을 하러 나가게 되었다.
③ B가 D보다 늦게 작업을 하러 나가게 되는 경우는 없다.
④ A는 C나 D보다 먼저 작업을 하러 나가게 되었다.
⑤ E가 C보다 먼저 작업을 하러 나가게 되는 경우는 없다.

19. 대학 졸업 후 일자리를 찾고 있던 20대 후반의 A씨는 당분간 구직 활동을 포기하고 집에서 쉬기로 하였다. A씨와 같은 사람이 많아질 경우 실업률과 고용률에 생기는 변화를 올바르게 나타낸 것은?

> 고용률(%)=취업자 수÷생산가능 인구(15~64세 인구)×100

① 실업률 상승, 고용률 불변
② 실업률 상승, 고용률 하락
③ 실업률 하락, 고용률 불변
④ 실업률 하락, 고용률 하락
⑤ 실업률 불변, 고용률 불변

20. 하반기 경력사원으로 채용된 A~F 여섯 명 중 세 명은 신사업본부에, 나머지 세 명은 전략사업본부에 배정되었다. 이때 본부별로 배정된 세 명의 경력사원은 각기 과장, 차장, 대리급 1명씩으로 구성되었다. 배정 결과에 대해 이들 여섯 명은 다음과 같은 진술을 하였는데, 신사업본부에 배정된 세 명은 참말만 하고, 전략사업본부에 배정된 세 명은 거짓말만 하였다면 A~F 중 전략사업본부에 배정된 차장급 경력사원은 누구인가?

> • A : D는 전략사업본부에 배정되었다.
> • B : C는 신사업본부에 배정되었다.
> • C : 나는 A와 같은 직급이다.
> • D : F와 B의 직급이 같다.
> • E : B는 차장이다.
> • F : C가 차장이다.

① A
② B
③ C
④ D
⑤ E

21. 갑, 을, 병, 정, 무 다섯 명이 자유형, 배영, 접영, 평영을 한 번씩 사용하여 400m를 수영하려 한다. 레인은 1번부터 5번 레인을 사용하며 100m마다 다른 수영 방식을 사용한다. 단, 각 레인마다 1명씩 배정이 되며, 이웃한 레인에 있는 사람들은 같은 구간에서 동일한 수영 방식을 사용할 수 없다. 다음 중 4번 레인을 사용하는 사람의 구간별 수영 방식을 순서대로 바르게 나열한 것은?

> • 2번과 4번 레인을 사용하는 사람들은 첫 번째 구간에서 같은 수영 방식을 사용하되, 자유형은 사용할 수 없다.
> • 을, 정은 네 번째 구간에서만 같은 수영 방식을 사용한다.
> • 갑은 3번 레인을 사용하고 두 번째 구간에서 자유형을 한다.
> • 을은 네 번째 구간에서 배영을 하고, 세 번째 구간에서는 갑과 같은 수영방식을 사용한다.
> • 무는 5번 레인을 사용하고, 첫 번째 구간에서는 평영, 네 번째 구간에서는 자유형을 한다.

① 접영 - 평영 - 배영 - 자유형
② 배영 - 접영 - 평영 - 자유형
③ 배영 - 평영 - 자유형 - 접영
④ 접영 - 평영 - 자유형 - 배영
⑤ 접영 - 배영 - 자유형 - 평영

22. 서원이는 2021년 1월 전액 현금으로만 다음 표와 같이 지출하였다. 만약 서원이가 2021년 1월에 A ~ C 신용카드 중 하나만을 발급받아 할인 전 금액이 표와 동일하도록 그 카드로만 지출하였다면 신용카드별 할인혜택에 근거한 할인 후 예상청구액이 가장 적은 카드부터 순서대로 바르게 나열한 것은?

〈표〉 2021년 1월 지출내역

(단위 : 만 원)

분류	세부항목		금액	합계
교통비	버스·지하철 요금		8	20
	택시 요금		2	
	KTX 요금		10	
식비	외식비	평일	10	30
		주말	5	
	카페 지출액		5	
	식료품 구입비	대형마트	5	
		재래시장	5	
의류구입비	온라인		15	30
	오프라인		15	
여가 및 자기계발비	영화관람료(1만원/회×2회)		2	30
	도서구입비 (2만원/권×1권, 1만5천원/권×2권, 1만원/권×3권)		8	
	학원 수강료		20	

〈신용카드별 할인혜택〉

○ A 신용카드
- 버스, 지하철, KTX 요금 20% 할인(단, 할인액의 한도는 월 2만원)
- 외식비 주말 결제액 5% 할인
- 학원 수강료 15% 할인
- 최대 총 할인한도액은 없음
- 연회비 1만 5천 원이 발급 시 부과되어 합산됨

○ B 신용카드
- 버스, 지하철, KTX 요금 10% 할인(단, 할인액의 한도는 월 1만원)
- 온라인 의류구입비 10% 할인
- 도서구입비 권당 3천 원 할인(단, 권당 가격이 1만 2천 원 이상인 경우에만 적용)
- 최대 총 할인한도액은 월 3만 원
- 연회비 없음

○ C 신용카드
- 버스, 지하철, 택시 요금 10% 할인(단, 할인액의 한도는 월 1만 원)
- 카페 지출액 10% 할인
- 재래시장 식료품 구입비 10% 할인
- 영화관람료 회당 2천원 할인(월 최대 2회)
- 최대 총 할인한도액은 월 4만 원
- 연회비 없음

※ 할부나 부분청구는 없으며, A ~ C 신용카드는 매달 1일부터 말일까지의 사용분에 대하여 익월 청구됨

① A － B － C
② A － C － B
③ B － A － C
④ B － C － A
⑤ C － A － B

23. 다음 글의 내용이 참이라고 할 때 〈보기〉의 문장 중 반드시 참인 것만을 바르게 나열한 것은?

우리는 사람의 인상에 대해서 "선하게 생겼다." 또는 "독하게 생겼다."라는 판단을 할 뿐만 아니라 사람의 인상을 중요시한다. 오래 전부터 사람의 얼굴을 보고 그 사람의 길흉을 판단하는 관상의 원리가 있었다. 관상의 원리를 어떻게 받아들여야 할까?

관상의 원리가 받아들일 만하다면, 얼굴이 검붉은 사람은 육체적 고생을 하기 마련이다. 그런데 우리는 주위에서 얼굴이 검붉지만 육체적 고생을 하지 않고 편하게 살아가는 사람을 얼마든지 볼 수 있다. 관상의 원리가 받아들일 만하다면, 우리가 사람의 얼굴에 대해서 갖는 인상이란 한갓 선입견에 불과한 것이 아니다. 사람의 인상이 평생에 걸쳐 고정되어 있다고 할 수 있는 경우에만 관상의 원리는 받아들일 만하다. 또한 관상의 원리가 받아들일 만하지 않다면, 관상의 원리에 대한 과학적 근거를 찾으려는 노력은 헛된 것이다. 실제로 많은 사람들이 관상의 원리가 과학적 근거를 가질 것이라고 기대한다. 그런데 우리는 자주 관상가의 판단이 받아들일 만하다고 느끼고, 그런 느낌 때문에 관상의 원리가 과학적 근거를 가질 것이라고 기대하는 것이다. 관상의 원리가 실제로 과학적 근거를 갖는지의 여부는 논외로 하더라도, 관상의 원리에 대하여 과학적 근거가 있을 것이라고 기대하는 사람은 관상의 원리에 의존하는 것이 우리의 삶에 위안을 주는 필요조건 중의 하나라고 믿는다.

〈보기〉
㉠ 관상의 원리는 받아들일 만한 것이 아니다.
㉡ 우리가 사람의 얼굴에 대해서 갖는 인상이란 선입견에 불과하다.
㉢ 사람의 인상은 평생에 걸쳐 고정되어 있다고 할 수 있다.
㉣ 관상의 원리에 대한 과학적 근거를 찾으려는 노력은 헛된 것이다.
㉤ 관상의 원리가 과학적 근거를 갖는다고 기대하는 사람들은 우리가 관상의 원리에 의존하면 삶의 위안을 얻을 것이라고 믿는다.

① ㉠, ㉣　　　　　　　② ㉡, ㉤

③ ㉣, ㉤　　　　　　　④ ㉠, ㉡, ㉣

⑤ ㉡, ㉢, ㉤

24. 지하철 10호선은 총 6개의 주요 정거장을 경유한다. 주어진 조건이 다음과 같을 경우, C가 4번째 정거장일 때, E 바로 전의 정거장이 될 수 있는 것은?

- 지하철 10호선은 순환한다.
- 주요 정거장을 각각 A, B, C, D, E, F라고 한다.
- E는 3번째 정거장이다.
- B는 6번째 정거장이다.
- D는 F의 바로 전 정거장이다.
- C는 A의 바로 전 정거장이다.

① F　　　　　　　　② E

③ D　　　　　　　　④ B

⑤ A

25. 다음의 업무를 담당하고 있는 부서는?

- 경영계획 및 전략 수립
- 중장기 사업계획의 종합 및 조정
- 경영진단업무
- 종합예산수립 및 실적관리
- 실적관리 및 분석

① 총무부

② 인사부

③ 기획부

④ 회계부

⑤ 영업부

┃26~27┃ 다음은 J기업의 결재라인에 대한 내용과 양식이다. 다음을 보고 물음에 답하시오.

〈결재규정〉
- 결재를 받으려는 업무에 대하여 최고결재권자 이하 직책자의 결재를 받아야 한다.
- '전결'이라 함은 회사의 경영활동이나 관리활동을 수행함에 있어 의사결정이나 판단을 요하는 일에 대하여 최고결재권자의 결재를 생략하고, 자신의 책임 하에 최종적으로 의사결정이나 판단을 하는 행위를 말한다.
- 전결사항에 대해서도 위임 받은 자를 포함한 이하 직책자의 결재를 받아야 한다.
- 결재를 올리는 자는 전결을 위임받은 자가 있는 경우 위임받은 자의 결재란에 전결이라 표시하고 생략된 결재란은 대각선으로 표시한다.
- 결재권자의 부득이한 부재(휴가, 출장 등) 시 그 직무를 대행하는 자가 대신 결재(대결)하며 대결 시 서명 상단에 "대결"이라 쓰고 날짜를 기입한다.

〈전결사항〉

구분	내용	금액기준	결재서류	팀장	부장	이사
잡비	사무용품 등	–	지출결의서	▲		
출장비	유류비 (교통비) 숙식비 등	20만 원 이하	출장계획서 법인카드신청서	■	▲	
		100만 원 이하			■	▲
교육비	내부교육비	–	기안서 지출결의서 법인카드신청서	■▲		
	외부교육비	50만 원 이하		■	▲	
		100만 원 이하			■	▲

※ 전결사항에 없는 기타 결재서류는 모두 사장이 최종결재권자이다.

※ ■ : 출장계획서, 기안서
　 ▲ : 지출결의서, 법인카드신청서

26. 인사팀의 A씨는 다음 달에 있을 전문 연수원 기술교육을 위한 서류를 만드는 중이다. 숙박비 및 강사비 등으로 20만 원 초과, 100만 원 이하로 지출될 예정일 때, A씨가 작성할 결재양식으로 옳은 것은?

①

기안서					
결재	담당	팀장	부장	이사	최종결재
	A		전결	/	

②

기안서					
결재	담당	팀장	부장	이사	최종결재
	A			전결	

③

지출결의서					
결재	담당	팀장	부장	이사	최종결재
	A		전결	/	

④

지출결의서					
결재	담당	팀장	부장	이사	최종결재
	A				

⑤

지출결의서					
결재	담당	팀장	부장	이사	최종결재
	/	전결			

27. 해외영업부 H씨는 파리출장을 계획하고 있다. 예산을 200만 원으로 잡고 있을 때, H씨가 작성할 결재양식으로 옳은 것은?

①

출장계획서					
결재	담당	팀장	부장	이사	최종결재
	H		전결	/	

②

출장계획서					
결재	담당	팀장	부장	이사	최종결재
	H			전결	

③

법인카드신청서					
결재	담당	팀장	부장	이사	최종결재
	H			전결	

④

법인카드신청서					
결재	담당	팀장	부장	이사	최종결재
	H				

⑤

법인카드신청서					
결재	담당	팀장	부장	이사	최종결재
	H		전결	/	

28. 다음 중 조직목표의 기능이 아닌 것은?

① 조직이 존재하는 정당성과 합법성 제공
② 조직이 나아갈 방향 제시
③ 조직구성원 의사결정의 기준
④ 조직구성원 행동 억제
⑤ 조직구성원 행동수행의 동기유발

29. 다음의 빈칸에 들어갈 말을 순서대로 나열한 것은?

조직의 (㉠)은/는 조직 내의 부문 사이에 형성된 관계로 조직목표를 달성하기 위한 조직구성원들의 상호작용을 보여준다. 이는 결정권의 집중정도, 명령계통, 최고 경영자의 통제, 규칙과 규제의 정도에 따라 달라지며 구성원들의 업무나 권한이 분명하게 정의된 기계적 조직과 의사결정권이 하부구성원들에게 많이 위임되고 업무가 고정적이지 않은 유기적 조직으로 구분될 수 있다. (㉡)은/는 이를 쉽게 파악할 수 있다. 구성원들의 임무, 수행하는 과업, 일하는 장소 등을 파악하는데 용이하다. 한편 조직이 지속되게 되면 조직구성원들 간 생활양식이나 가치를 공유하게 되는데 이를 조직의 (㉢)라고 한다. 이는 조직구성원들의 사고와 행동에 영향을 미치며 일체감과 정체성을 부여하고 조직이 (㉣)으로 유지되게 한다. 최근 이에 대한 중요성이 부각되면서 긍정적인 방향으로 조성하기 위한 경영층의 노력이 이루어지고 있다.

	㉠	㉡	㉢	㉣
①	구조	조직도	문화	안정적
②	목표	비전	규정	체계적
③	미션	핵심가치	구조	혁신적
④	직급	규정	비전	단계적
⑤	규정	비전	직급	순차적

30. 조직변화 과정의 순서로 옳은 것은?

① 조직변화 방향 수립 → 환경변화 인지 → 조직변화 실행 → 변화결과 평가

② 환경변화 인지 → 조직변화 실행 → 조직변화 방향 수립 → 변화결과 평가

③ 조직변화 실행 → 조직변화 방향 수립 → 환경변화 인지 → 변화결과 평가

④ 환경변화 인지 → 조직변화 방향 수립 → 조직변화 실행 → 변화결과 평가

⑤ 조직변화 실행 → 환경변화 인지 → 조직변화 방향 수립 → 변화결과 평가

31. 다음은 A기업의 조직도이다. 다음 중 총무부의 역할로 가장 적절한 것은?

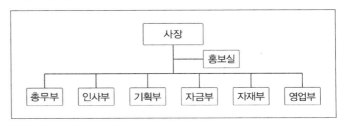

① 경영계획 및 전략 수집 · 조정 업무

② 의전 및 비서업무

③ 보험금융업무

④ 인력 확보를 위한 산학협동업무

⑤ 시장조사

32. 어느 날 진수는 직장선배로부터 '직장 내에서 서열과 직위를 고려한 소개의 순서'를 정리하라는 요청을 받았다. 진수는 다음의 내용처럼 정리하고 직장선배에게 보여 주었다. 하지만 직장선배는 세 가지 항목이 틀렸다고 지적하였다. 지적을 받은 세 가지 항목은 무엇인가?

㉠ 연소자를 연장자보다 먼저 소개한다.
㉡ 같은 회사 관계자를 타 회사 관계자에게 먼저 소개한다.
㉢ 상급자를 하급자에게 먼저 소개한다.
㉣ 동료임원을 고객, 방문객에게 먼저 소개한다.
㉤ 임원을 비임원에게 먼저 소개한다.
㉥ 되도록 성과 이름을 동시에 말한다.
㉦ 상대방이 항상 사용하는 경우라면 Dr, 등의 칭호를 함께 언급한다.
㉧ 과거 정부 고관일지라도, 전직인 경우 호칭사용은 결례이다.

① ㉠, ㉡, ㉥

② ㉢, ㉤, ㉧

③ ㉣, ㉤, ㉥

④ ㉣, ㉤, ㉧

⑤ ㉣, ㉦, ㉧

33. G사 홍보팀 직원들은 팀워크를 향상시킬 수 있는 방법에 대한 토의를 진행하며 다음과 같은 의견들을 제시하였다. 다음 중 팀워크의 기본요소를 제대로 파악하고 있지 못한 사람은 누구인가?

> A: "팀워크를 향상시키기 위해서는 무엇보다 팀원 간의 상호 신뢰와 존중이 중요하다고 봅니다."
>
> B: "또 하나 빼놓을 수 없는 것은 스스로에 대한 넘치는 자아의식이 수반되어야 팀워크에 기여할 수 있어요."
>
> C: "팀워크는 각자의 역할에서 책임을 다하는 자세가 기본이 되어야 함을 우리 모두 명심해야 합니다."
>
> D: "저는 팀원들끼리 솔직한 대화를 통해 서로를 이해하는 일이 무엇보다 중요하다고 생각해요."
>
> E: "팀워크는 상호 협력이 기본이 되어야 함 역시 명심해야 합니다."

① A
② B
③ C
④ D
⑤ E

34. 다음에서 나타난 신 교수의 동기부여 방법으로 가장 적절한 것은?

> 신 교수는 매 학기마다 새로운 수업을 들어가면 첫 번째로 내주는 과제가 있다. 한국사에 대한 본인의 생각을 A4용지 한 장에 적어오라는 것이다. 이 과제는 정답이 없고 옳고 그름이 기준이 아니라는 것을 명시해준다. 그리고 다음시간에 학생 각자가 적어온 글들을 읽어보도록 하는데, 개개인에게 꼼꼼히 인상 깊었던 점을 알려주고 구체적인 부분을 언급하며 칭찬한다.

① 변화를 두려워하지 않는다.
② 지속적으로 교육한다.
③ 책임감으로 철저히 무장한다.
④ 긍정적 강화법을 활용한다.
⑤ 지속적으로 교육한다.

35. 다음 중 고객만족을 측정하는데 있어 많은 사람들이 범하는 오류의 유형으로 옳지 않은 것은?

① 적절한 측정 프로세스 없이 조사를 시작한다.
② 고객이 원하는 것을 알고 있다고 생각한다.
③ 모든 고객들이 동일한 수준의 서비스를 원하고 필요로 한다고 가정한다.
④ 전문가로부터 도움을 얻는다.
⑤ 포괄적인 가치만을 질문한다.

36. 조직구성원들로 하여금 리더에 대한 신뢰를 갖게 하는 카리스마는 물론 조직변화의 필요성을 감지하고 그러한 변화를 이끌어 낼 수 있는 새로운 비전을 제시할 수 있는 능력이 요구되는 리더십을 무엇이라 하는가?

① 변혁적 리더십
② 거래적 리더십
③ 카리스마 리더십
④ 서번트 리더십
⑤ 셀프 리더십

37. 팀워크 강화 노력이 필요한 때임을 나타내는 징후들로 옳지 않은 것은?

① 할당된 임무와 관계에 대해 혼동한다.
② 팀원들 간에 적대감이나 갈등이 생긴다.
③ 리더에 대한 의존도가 낮다.
④ 생산성이 하락한다.
⑤ 불평불만이 증가한다.

38. 리더는 조직원들에게 지속적으로 자신의 잠재력을 발휘하도록 만들기 위한 외적인 동기유발제 그 이상을 제공해야 한다. 이러한 리더의 역량이라고 볼 수 없는 것은?

① 높은 성과를 달성한 조직원에게는 곧바로 따뜻한 말이나 칭찬으로 보상해 준다.

② 직원들이 자신의 업무에 책임을 지도록 하는 환경 속에서 일할 수 있게 해 준다.

③ 직원 자신이 권한과 목적의식을 가지고 있는 중요한 사람이라는 사실을 느낄 수 있도록 이끌어 준다.

④ 조직을 위험에 빠지지 않도록 리스크 관리를 철저히 하여 안심하고 근무할 수 있도록 해 준다.

⑤ 직원 자신이 상사로부터 충분히 인정받고 있으며 일부 권한을 위임받았다고 느낄 수 있도록 동기를 부여해 준다.

39. 조직 내 리더는 직원들의 의견을 적극 경청하고 필요한 지원을 아끼지 않음으로써 생산성과 기술 수준을 향상시킬 수 있어야 한다. 직원들의 자발적인 참여를 통한 조직의 성과를 달성하기 위해 리더가 보여주어야 할 동기부여의 방법에 대해 추가할 수 있는 의견으로 적절하지 않은 것은?

① 목표 달성을 높이 평가하여 곧바로 보상을 한다.

② 자신의 실수나 잘못에 대한 해결책을 스스로 찾도록 분위기를 조성한다.

③ 구성원들에게 지속적인 교육과 성장의 기회를 제공한다.

④ 자신의 업무에 책임을 지도록 하는 환경을 만든다.

⑤ 위험 요소가 배제된 편안하고 친숙한 환경을 유지하기 위해 노력한다.

40. 조직 사회에서 일어나는 갈등을 해결하는 방법 중 문제를 회피하지 않으면서 상대방과의 대화를 통해 동등한 만큼의 목표를 서로 누리는 두 가지 방법이 있다. 이 두 가지 갈등해결방법에 대한 다음의 설명 중 빈칸에 들어갈 알맞은 말은?

> 첫 번째 유형은 자신에 대한 관심과 상대방에 대한 관심이 중간정도인 경우로서, 서로가 받아들일 수 있는 결정을 하기 위하여 타협적으로 주고받는 방식을 말한다. 즉, 갈등 당사자들이 반대의 끝에서 시작하여 중간 정도 지점에서 타협하여 해결점을 찾는 것이다.
>
> 두 번째 유형은 협력형이라고도 하는데, 자신은 물론 상대방에 대한 관심이 모두 높은 경우로서 '나도 이기고 너도 이기는 방법(win-win)'을 말한다. 이 방법은 문제해결을 위하여 서로 간에 정보를 교환하면서 모두의 목표를 달성할 수 있는 '윈윈' 해법을 찾는다. 아울러 서로의 차이를 인정하고 배려하는 신뢰감과 공개적인 대화를 필요로 한다. 이 유형이 가장 바람직한 갈등해결 유형이라 할 수 있다. 이러한 '윈윈'의 방법이 첫 번째 유형과 다른 점은 (   )는 것이며, 이것을 '윈윈 관리법'이라고 한다.

① 시너지 효과를 극대화할 수 있다.

② 상호 친밀감이 더욱 돈독해진다.

③ 보다 많은 이득을 얻을 수 있다.

④ 문제의 근본적인 해결책을 얻을 수 있다.

⑤ 대인관계를 넓힐 수 있다.

MG새마을금고

일반직 6급 필기전형

NCS 직업기초능력평가

정답 및 해설

SEOWONGAK
(주)서원각

제1회 정답 및 해설

1 ③

ⓐ와 ⓑ는 반의어 관계이다. 따라서 정답은 ③이다.

2 ③

첫머리가 되는 문장은 ②이며, ②에 대한 내용은 ③이다. 그 다음에 필요한 내용은 ⓒ이고 마지막 문장은 ⓔ이다.

3 ⑤

취하다 … 어떤 일에 대한 방책으로 어떤 행동을 하거나 일정한 태도를 가지다.
① 일정한 조건에 맞는 것을 골라 가지다.
② 남에게서 돈이나 물품 따위를 꾸거나 빌리다.
③ 자기 것으로 만들어 가지다.
④ 어떤 특정한 자세를 하다.

4 ⑤

⑤ 유행, 풍조, 변화 따위가 일어나 휩쓴다는 의미를 갖는다.
①②③④ 입을 오므리고 날숨을 내어보내어, 입김을 내거나 바람을 일으킨다는 의미를 갖는다.

5 ③

제시된 문장의 경우 수시 채용의 장점에 해당하므로 공채 채용의 장·단점을 설명한 후 나오는 것이 옳으며 수시 채용의 단점보다 먼저 제시되어야 한다.

6 ④

㉠ 수효를 세는 맨 처음 수
① 뜻, 마음, 생각 따위가 한결같거나 일치한 상태
② 여러 가지로 구분한 것들 가운데 어떤 것을 가리키는 말

③ 오직 그것뿐
⑤ 전혀, 조금도

7 ②

② 과학은 두 가지 얼굴이 있는데, 어떤 '특정한' 얼굴을 하고 있지 않다고 하므로, 과학의 얼굴은 우리가 만들어 간다는 결론이 오는 것이 적절하다.

8 ①

제시문은 민담에서 등장인물의 성격이 어떤 방식으로 나타나는 지에 대해 언급하고 있다. ㉠은 민담에서 과거 사건이 드러나는 방법에 대한 내용으로 다른 문장과의 연관성이 떨어진다.

9 ①

홀수 번째는 ×4, 짝수 번째는 +3의 규칙을 갖는다.

10 ②

13명에게 똑같은 개수대로 나누어주려면,
· 단팥빵은 26÷13＝2개씩 나누어줄 수 있다.
· 피자빵은 40÷13＝3개씩 나누어주고 1개가 남는다.
· 치즈크래커는 70÷13＝5개씩 나누어주고 5개가 남는다
따라서 피자빵은 1개가 남고, 치즈크래커는 5개가 남는다.

11 ①

정가를 구하지 않아도 정가보다 1,000원 적은 가격으로 50개를 판매했으므로 50,000원의 손해를 입었음을 알 수 있다.

12 ②

조건 ㈎에서 R 석의 티켓의 수를 a, S 석의 티켓의 수를 b, A 석의 티켓의 수를 c 라 놓으면

$a + b + c = 1,500$ …… ㉠

조건 ㈏에서 R 석, S 석, A 석 티켓의 가격은 각각 10만 원, 5만 원, 2만 원이므로

$10a + 5b + 2c = 6,000$ …… ㉡

A 석의 티켓의 수는 R 석과 S 석 티켓의 수의 합과 같으므로

$a + b = c$ …… ㉢

세 방정식 ㉠, ㉡, ㉢을 연립하여 풀면

㉠, ㉢에서 $2c = 1,500$ 이므로 $c = 750$

㉠, ㉡에서 연립방정식

$\begin{cases} a + b = 750 \\ 2a + b = 900 \end{cases}$

을 풀면 $a = 150$, $b = 600$ 이다.

따라서 구하는 S 석의 티켓의 수는 600장이다.

13 ③

A~G까지의 최단거리의 경로(루트)는 A − B − D − E − G로 총 소요거리는 $5 + 5 + 20 + 10 = 40\text{km}$이다.

14 ②

4개의 티셔츠 중에서 2개를 사는 방법은

$\dfrac{4 \times 3}{2} = 6$(가지), 5개의 바지 중에서 2개를 사는 방법은 $\dfrac{5 \times 4}{2} = 10$(가지)이다. 따라서 티셔츠와 바지를 각각 2개씩 사는 방법은 모두 $6 \times 10 = 60$(가지)이다.0

15 ③

x 개월 후부터 누나의 저축액이 동생의 저축액보다 많아진다고 하면

$12,500 +,2500x > 20,000 + 1,500x$

$1,000x > 7,500$

$x > \dfrac{15}{2}$

따라서 8개월 후부터 누나의 저금액이 동생의 저금액보다 많아진다.

16 ③

불량률

	A출판사	B출판사	C출판사
국어교재	10%	4.8%	5.3%
수학교재	6.3%	5.3%	7.1%
영어교재	7.7%	6.3%	5.6%

① 수학교재의 불량률은 C출판사가 가장 높다.

② 국어교재의 불량률은 A출판사가 C출판사의 2배 이하이다.

④⑤ 영어교재의 불량률은 C출판사가 가장 낮다.

17 ②

㉠과 ㉢, ㉣에 의해 E > B > A > C이다.

㉡에서 D는 C보다 나이가 적으므로 E > B > A > C > D이다.

18 ④

다음 표에서 알 수 있듯이 4명과 6명의 최소공배수인 12일까지 아래와 같은 조를 이루어 당직 근무를 서고 13일째부터는 다시 처음부터 같은 조가 반복되게 된다. 따라서 '정 − C'는 함께 근무를 설 수 없는 직원의 조합이 된다.

	A	B	C	D
갑	1		7	
을		2		8
병	9		3	
정		10	✕	4
무	5		11	
기		6		12

19 ④

공문서 작성방법

- 육하원칙이 드러나도록 써야 한다.
- 날짜는 반드시 연도와 월, 일을 함께 언급하며, 날짜 다음에 괄호를 사용할 때는 마침표를 찍지 않는다.
- 대외문서이며, 장기간 보관되기 때문에 정확하게 기술해야 한다.
- 내용이 복잡할 경우 '-다음-', '-아래-'와 같은 항목을 만들어 구분한다.
- 한 장에 담아내는 것을 원칙으로 하며, 마지막엔 반드시 '끝'자로 마무리 한다.

20 ④

3C 분석에서 사업 환경을 구성하고 있는 요소인 자사(Company), 경쟁사(Competitor), 고객을 3C(Customer)라고 한다. 3C 분석에서 고객 분석에서는 '고객은 자사의 상품·서비스에 만족하고 있는지'를, 자사 분석에서는 '자사가 세운 달성목표와 현상 간에 차이가 없는지'를 경쟁사 분석에서는 '경쟁기업의 우수한 점과 자사의 현상과 차이가 없는지'에 대한 질문을 통해서 환경을 분석하게 된다.

21 ④

가위바위보를 해서 모두 이기면 $30 \times 5 = 150$ 점이 된다. 여기서 한 번 비기면 총점에서 4점이 줄고, 한 번 지면 총점에서 6점이 줄어든다.

만약 29번 이기고 1번 지게 되면

$(29 \times 5) + (-1) = 144$ 점이 된다.

즉, 150점에서 -6, 또는 -4를 통해서 나올 수 있는 점수를 가진 사람만이 참말을 하는 것이다.

정의 점수 140점은 1번 지고, 1번 비길 경우 나올 수 있다.

$(28 \times 5) + 1 - 1 = 140$

22 ①

ⓒ (가)의 경우 매년 물가가 5% 상승하면 두 번째 해부터 구매력은 점차 감소한다.

ⓔ 금융 기관에서는 단리 뿐 아니라 복리 이자율이 적용되는 상품 또한 판매하고 있다.

23 ⑤

병과 정의 진술이 상이하므로 모순이 된다.

우선 병의 진술이 거짓일 경우 을은 윗마을에 살고, 여자이다.

정의 진술은 참이므로 을과 병은 윗마을에 산다. 을은 윗마을 여자이므로 거짓말을 하고, 병은 윗마을에서 거짓말을 하므로 여자이다.

을과 병이 윗마을에 살기 때문에 갑, 정은 아랫마을에 산다.

정은 아랫마을에 살며 참말을 하므로 여자이고 갑은 아랫마을 여자이므로 참말을 한다.

24 ②

남자사원의 경우 ⓒ, ⓗ, ⓞ에 의해 다음과 같은 두 가지 경우가 가능하다.

	월요일	화요일	수요일	목요일
경우 1	치호	영호	철호	길호
경우 2	치호	철호	길호	영호

[경우 1]

옥숙은 수요일에 보낼 수 없고, 철호와 영숙은 같이 보낼 수 없으므로 옥숙과 영숙은 수요일에 보낼 수 없다. 또한 영숙은 지숙과 미숙 이후에 보내야 하고, 옥숙은 지숙 이후에 보내야 하므로 조건에 따르면 다음과 같다.

	월요일	화요일	수요일	목요일
남	치호	영호	철호	길호
여	지숙	옥숙	미숙	영숙

[경우 2]

		월요일	화요일	수요일	목요일
	남	치호	철호	길호	영호
경우 2-1	여	미숙	지숙	영숙	옥숙
경우 2-2	여	지숙	미숙	영숙	옥숙
경우 2-3	여	지숙	옥숙	미숙	영숙

문제에서 영호와 옥숙을 같이 보낼 수 없다고 했으므로, [경우 1], [경우 2-1], [경우 2-2]는 해당하지 않는다. 따라서 [경우 2-3]에 의해 목요일에 보내야 하는 남녀사원은 영호와 영숙이다.

25 ③

경영전략 추진과정은 전략목표 설정→환경분석→경영전략 도출→경영전략 실행→평가 및 피드백 순이다.

26 ②

브레인스토밍 기법은 아이디어의 질보다 양에 초점을 맞춘 것으로서 집단 구성원들은 즉각적으로 생각나는 아이디어를 제시할 수 있으며, 그로 인해 브레인스토밍은 다량의 아이디어를 도출해낼 수 있다. 또한, 구성원들은 자신이 가지고 있던 기존 아이디어를 개선해 더욱 더 발전된 형태의 아이디어를 창출할 수 있는데, 이는 다른 사람의 의견을 참고해서 창의적으로 조합할 수 있기 때문이다.

27 ③

이미 성공적인 마케팅으로 높인 인지도(강점)를 더욱 강화하여 다른 경쟁자들(위협)을 방어하는 것은 적절한 ST 전략이라고 할 수 있다.

28 ②

회원관리능력의 부족이라는 약점을 전담 상담직원 채용을 통해 보완하고 이를 통해 부모들의 높은 아이에 대한 관심과 투자를 유도하는 것은 적절한 WO 전략이라 할 수 있다.

29 ④

제시된 글은 영업부의 업무에 해당한다.
※ **영업부** … 판매 계획, 판매예산의 편성, 시장조사, 광고 선전, 견적 및 계약, 제조지시서의 발행, 외상매출금의 청구 및 회수, 제품의 재고 조절, 거래처로부터의 불만처리, 제품의 애프터서비스, 판매원가 및 판매가격의 조사 검토

30 ④

④ 매일 신문의 국제면을 읽는다.
※ **국제동향 파악 방법**
　㉠ 관련 분야 해외 사이트를 방문하여 최신 이슈를 확인한다.
　㉡ 매일 신문의 국제면을 읽는다.
　㉢ 업무와 관련된 국제잡지를 정기 구독한다.
　㉣ 노동부, 한국산업인력공단, 산업자원부, 중소기업청, 상공회의소, 산업별인적자원개발협의체 등의 사이트를 방문해 국제동향을 확인한다.
　㉤ 국제학술대회에 참석한다.
　㉥ 업무와 관련된 주요 용어의 외국어를 알아둔다.
　㉦ 해외 서점 사이트를 방문해 최신 서적 목록과 주요 내용을 파악한다.
　㉧ 외국인 친구를 사귀고 대화를 자주 나눈다.

31 ③

③은 회의에서 알 수 있는 내용이다.
① 서비스팀은 주문폭주 일주일 동안 포장된 제품을 전격 회수와 제품을 구매한 고객에 사과문 발송 및 100% 환불 보상을 공지한다.
② 주문량이 증가한 날짜는 회의록만으로 알 수 없다.
④ 서비스팀에서 제품을 전격 회수하고, 개발팀에서 유해성분을 조사하기로 했다.
⑤ 염료를 사용하지 않는 포장재 개발은 회의에서 알 수 없는 내용이다.

32 ②

리더십과 팔로워십은 개념과 역할은 다르나 상호보완적이고 필수적인 관계이다.
※ **팔로워십 특징**
　㉠ 조직의 구성원으로서 자격과 지위를 갖는 것으로 팔로워십의 역할을 충실하게 수행하여야 한다.
　㉡ 리더십과 팔로워십은 개념과 역할은 다르나 상호보완적이고 필수적인 관계이다.
　㉢ 리더를 따르는 것으로 헌신, 전문성, 용기, 정직하고 현명한 평가능력이 뒷받침되어야 한다.
　㉣ 조직을 제대로 구성하려면 탁월한 리더와 탁월한 팔로워십을 갖춘 팀원이 있어야 한다.

33 ③

밑줄 친 부분은 "B 혜택(Benefits)"을 가시화시켜 설명하는 단계로 제시하는 이익이 고객에게 반영되는 경우 실제적으로 발생할 상황을 공감시키는 과정이다. 지문에서는 "가장 소득이 적고 많은 비용이 들어가는 은퇴시기"라고 실제 발생 가능한 상황을 제시하였다. 또한, 이해만으로는 설득이 어렵기 때문에 고객이 그로 인해 어떤 변화를 얻게 되는지를 설명하는데 지문에서는 보험 가입으로 인해 "편안하게 여행을 즐기시고 또한 언제든지 친구들을 만나서 부담 없이 만나"에서 그 내용을 알 수 있으며 이는 만족, 행복에 대한 공감을 하도록 유도하는 과정이다.

34 ②

갈등해결 방법
㉠ 다른 사람들의 입장을 이해한다.
㉡ 사람들이 당황하는 모습을 자세하게 살핀다.
㉢ 어려운 문제는 피하지 말고 맞선다.
㉣ 자신의 의견을 명확하게 밝히고 지속적으로 강화한다.
㉤ 사람들과 눈을 자주 마주친다.
㉥ 마음을 열어놓고 적극적으로 경청한다.
㉦ 타협하려 애쓴다.
㉧ 어느 한쪽으로 치우치지 않는다.
㉨ 논쟁하고 싶은 유혹을 떨쳐낸다.
㉩ 존중하는 자세로 사람들을 대한다.

35 ②

①④ 의심형 불만고객에 대한 대응방안
③⑤ 트집형 불만고객에 대한 대응방안

36 ①

팀워크의 촉진 방법
㉠ 동료 피드백 장려하기
㉡ 갈등 해결하기
㉢ 창의력 조성을 위해 협력하기
㉣ 참여적으로 의사결정하기

37 ①

대인관계 향상 방법
㉠ 상대방에 대한 이해심
㉡ 사소한 일에 대한 관심
㉢ 약속의 이행
㉣ 기대의 명확화
㉤ 언행일치
㉥ 진지한 사과

38 ④

본인이 알고 있는 일은 처리하면 되는 것이고 모르는 것이 있다면 알고 있는 직원에게 물어본 후 처리하는 것이 가장 바람직하다. ④의 경우 다른 직원에게 확인한 후 일을 처리하는 것이므로 올바른 행동이다.
⑤의 지문은 실제 업무 상황에서 본인 맡은 일을 다른 직원에게 임의로 넘기는 행위는 잘못된 것이다.

39 ④

대결 국면에서의 핵심 사항은 상대방의 입장에 대한 무비판적인 부정이며, 격화 국면에서는 설득이 전혀 효과를 발휘할 수 없게 된다. 진정 국면으로 접어들어 비로소 협상이라는 대화가 시작되며 험난한 단계를 거쳐 온 갈등은 이때부터 서서히 해결의 실마리가 찾아지게 된다.

40 ①

목표를 달성하기 위해 노력하는 팀이라면 갈등은 항상 일어나게 마련이다. 갈등은 의견 차이가 생기기 때문에 발생하게 된다. 그러나 이러한 결과가 항상 부정적인 것만은 아니다. 갈등은 새로운 해결책을 만들어 주는 기회를 제공한다. 중요한 것은 갈등에 어떻게 반응하느냐 하는 것이다. 갈등이나 의견의 불일치는 불가피하며 본래부터 좋거나 나쁜 것이 아니라는 점을 인식하는 것이 중요하다. 또한 갈등수준이 적정할 때는 조직 내부적으로 생동감이 넘치고 변화 지향적이며 문제해결 능력이 발휘되며, 그 결과 조직성과는 높아지고 갈등의 순기능이 작용한다.

제2회 정답 및 해설

1 ③

반어 ··· 뜻을 강조하기 위하여, 표현하려는 뜻과는 반대되게 하는 말이다.

2 ①

첫 번째 문장은 ⓒ이며, ⓒ의 구체적 내용이 ㉠이다. 그리고 ㉠에 대한 상반된 내용이 ㉣이고 결론인 ⓛ이 맨 마지막 문장이 된다.

3 ⑤

찾다 ··· 모르는 것을 알아내고 밝혀내려고 애쓰다. 또는 그것을 알아내고 밝혀내다
① 잃거나 빼앗기거나 맡기거나 빌려주었던 것을 돌려받아 가지게 되다.
② 어떤 사람을 만나거나 어떤 곳을 보러 그와 관련된 장소로 옮겨 가다.
③ 원상태를 회복하다.
④ 자신감, 명예, 긍지 따위를 회복하다.

4 ②

'워프(Whorf) 역시 사피어와 같은 관점에서 언어가 우리의 행동과 사고의 양식을 주조(鑄造)한다고 주장한다'라는 문장을 통해 언어가 우리의 사고를 결정한다는 것을 확인할 수 있다.

5 ④

공간적 분업체계의 형성으로 국가 간의 상호 작용이 촉진되면서 세계 도시 간의 계층 구조가 형성되었으며 이 때문에 지역 불균형이 초래되었다는 내용을 찾으면 된다.

6 ①

어떤 경우, 사실이나 기준 따위에 의거하다.
② 다른 사람이나 동물의 뒤에서 그가 가는 대로 같이 가다.
③ 앞선 것을 좇아 같은 수준에 이르다.
④ 남이 하는 대로 같이 하다.
⑤ 어떤 일이 다른 일과 더불어 일어나다.

7 ④

④ 제시된 글 마지막 부분에 중국인들이 둔하고 더럽다고 할 수 있지만, 끈덕지고 통이 큰 사람이라는 칭찬이 될 수도 있다고 밝히고 있다. 뒤에 이어질 글에서는 이러한 예시를 통해서 주장을 펼쳐나가는 것이 적절하다.

8 ②

내용을 구조적으로 정리하는 방법은 '㉠ 관련 있는 내용끼리 묶는다. → ⓛ 묶은 내용에 적절한 이름을 붙인다. → ㉣ 중복된 내용이나 덜 중요한 내용을 삭제한다. → ⓒ 전체 내용을 이해하기 쉽게 구조화한다.' 가 적절하다.

9 ①

$\times 1+1,\ \times 2+2,\ \times 3+3,\ \times 4+4,\ \times 5+5,\ \times 6+6$ …으로 변화한다.
따라서 빈칸에 들어갈 수는 $27 \times 4 + 4 = 112$이다.

10 ③

남자가 한 명도 선출되지 않을 확률은 여자만 선출될 확률과 같은 의미이다.

$$\frac{_5C_2}{_{12}C_2} = \frac{5 \times 4}{12 \times 11} = \frac{5}{33}$$

11 ④

지난해 남학생의 수를 x, 여학생의 수를 y라 하면,

$x + y = 230$

$1.15x + 0.94y = 233$

$1.15(230 - y) + 0.94y = 233$

$264.5 - 1.15y + 0.94y = 233$

$0.21y = 31.5$

$\therefore \ y = 150$

올해 여학생의 수는 $150 - 9 = 141$(명)이다.

12 ④

월 사용시간을 x라 하면

$4,300 + 900x \geq 20,000 \Rightarrow 900x \geq 15,700$

$\Rightarrow \ x \geq 17.444\cdots$

따라서 매월 최소 18시간 이상 사용할 때 B회사를 선택하는 것이 유리하다.

13 ⑤

아들들이 받는 돈의 비율은 $10 : 5 : 3$이다. 막내아들은 $90,000$원의 $\dfrac{3}{18}$을 받으므로 $15,000$원을 받는다.

14 ③

누나의 나이를 x, 엄마의 나이를 y라 하면,

$2(10 + x) = y$

$3(x + 3) = y + 3$

두 식을 연립하여 풀면,

$x = 14$(세)

15 ③

시험 전체 평균 점수를 x라 하면,

$x \times 200 = 70 \times 160 + 40 \times 40$

$200x = 11,200 + 1,600$

$\therefore \ x = 64$점

16 ②

- (가), (나)는 각각 834, 755이다.
- ⓒ으로 보아 제주공항은 C이다.
- ㉠에 적용해보면 (김포공항 여행객+1,820) > 3,076 이기에, 김포공항 여행객 > 1,256이다. 따라서 김포공항은 A이다.
- ㉢으로 보아 김해공항의 여행객은 ≥ 774이기 때문에 김해공항은 B이다.
- ㉣로 보아 대구공항은 E이다.
- 마지막으로 남은 D는 청주공항이 된다.

17 ③

B가 성능이 떨어지는 제품이므로, 다음과 같은 네 가지 경우가 가능하다.

㉠ A > B ≥ C

㉡ A > C ≥ B

㉢ C > A ≥ B

㉣ C > B ≥ A

성능이 가장 좋은 제품은 성능이 떨어지는 두 종류의 제품 가격의 합보다 높으므로, 가격이 같을 수가 없지만, 성능이 떨어지는 두 종류의 제품 가격은 서로 같을 수 있다.

① ㉣의 경우 가능하다.

② ㉢의 경우 가능하다.

④ ㉢, ㉣의 경우 가능하다.

⑤ ㉠, ㉡의 경우 가능하다.

18 ⑤

다섯 사람 중 A와 B가 동시에 가장 먼저 작업을 하러 나가게 되었으며, C와 D는 A와 B보다 늦게 작업을 하러 나가게 되었음을 알 수 있다. 따라서 다섯 사람의 순서는 E의 순서를 변수로 다음과 같이 정리될 수 있다.

㉠ E가 두 번째로 작업을 하러 나가게 되는 경우

첫 번째	두 번째	세 번째	네 번째
A, B	E	C 또는 D	C 또는 D

㉡ E가 세 번째로 작업을 하러 나가게 되는 경우

첫 번째	두 번째	세 번째	네 번째
A, B	C 또는 D	E	C 또는 D

따라서 E가 C보다 먼저 작업을 하러 나가게 될 수 있으므로 ⑤와 같은 주장은 옳지 않다.

19 ③

실업자이던 A씨가 비경제활동인구로 바뀌었다. 실업률의 정의를 생각해 보면, 분자인 실업자보다 분모인 경제활동인구가 큰 상황에서 실업자와 경제활동인구가 같은 숫자만큼 줄어든 것이므로 실업률은 하락한다. 고용률의 경우 취업자와 생산가능인구에 아무런 변화가 없었으므로 변화하지 않는다.

20 ⑤

B의 말이 참이라면 B는 신사업본부에 배정된 사람이다. B의 진술에 따라 C도 신사업본부에 배정된 사람이다. 신사업본부 사람은 참말을 하므로 C의 진술은 참이므로 A와 같은 직급이다.

A는 C와 직급이 같으므로 같은 본부에 있을 수 없으므로 전략사업본부에 배정된 사람이고 전략사업본부 사람은 거짓말을 하므로 D는 전략사업본부가 아닌 신사업본부에 배정된 사람이다.

그러므로 B, C, D가 신사업본부에 배정된 사람이다. 그럼 자연스럽게 A, E, F가 전략사업본부에 배정된 사람이다.

A, E, F는 전략사업본부에 배정된 사람들로 모두 거짓말을 한 것이 된다.

그러므로 B, C는 차장이 아니다. 신사업본부 차장은 D가 된다.

B와 F, A와 C는 같은 직급이므로 전략사업본부 차장은 E가 된다.

21 ④

이웃한 레인끼리는 동일한 수영 방식을 사용할 수 없음을 주의하며 위의 조건에 따라 정리하면

구간 \ 레인	1번 레인 을	2번 레인 병	3번 레인 갑	4번 레인 정	5번 레인 무
첫 번째 구간	자유형	접영	배영	접영	평영
두 번째 구간	접영	배영	자유형	평영	접영
세 번째 구간	평영	자유형	평영	자유형	배영
네 번째 구간	배영	평영	접영	배영	자유형

22 ①

할인내역을 정리하면

○ A 신용카드
• 교통비 20,000원
• 외식비 2,500원
• 학원수강료 30,000원
• 연회비 15,000원
• 할인합계 37,500원

○ B 신용카드
• 교통비 10,000원
• 온라인 의류구입비 15,000원
• 도서구입비 9,000원
• 할인합계 30,000원

○ C 신용카드
• 교통비 10,000원
• 카페 지출액 5,000원
• 재래시장 식료품 구입비 5,000원
• 영화관람료 4,000원
• 할인합계 24,000원

23 ①

얼굴이 검붉은 사람은 육체적 고생을 한다고 하나 얼굴이 검붉은 사람이 편하게 사는 것을 보았다.

→ ㉠ 관상의 원리는 받아들일 만한 것이 아니다. – 참
선입견이 있으면 관상의 원리를 받아들일 만하다.

사람의 인상이 평생에 걸쳐 고정되어 있다고 할 수 있는 경우에만 관상의 원리를 받아들일 만하다.

관상의 원리가 받아들일 만하지 않다면 관상의 원리에 대한 과학적 근거를 찾으려는 노력은 헛된 것이다.

→ ㉣ 관상의 원리에 대한 과학적 근거를 찾으려는 노력은 헛된 것이다. – 참

㉤ 관상의 원리가 과학적 근거를 갖는다고 기대하는 사람들은 우리가 관상의 원리에 의존하면 삶의 위안을 얻을 것이라고 믿는다. → 관상의 원리에 대하여 과학적 근거가 있을 것이라고 기대하는 사람은 우리의 삶에 위안을 얻기 위해 관상의 원리에 의존한다고 믿는다.

24 ①

C가 4번째 정거장이므로 표를 완성하면 다음과 같다.

순서	1	2	3	4	5	6
정거장	D	F	E	C	A	B

따라서 E 바로 전의 정거장은 F이다.

25 ③

기획부는 회사에서 어떤 일을 꾀하여 계획하는 일을 맡아보는 부서로, 제시된 업무는 기획부에서 담당하고 있는 업무이다.

26 ①

100만 원 이하 외부교육비의 기안서는 부장 전결, 지출결의서는 이사 전결사항이다. 따라서 A씨가 작성할 결재양식은 다음과 같다.

기안서					
결재	담당	팀장	부장	이사	최종결재
	A		전결		

지출결의서					
결재	담당	팀장	부장	이사	최종결재
	A			전결	

27 ④

출장비는 100만 원 이하인 경우에만 전결처리 할 수 있으므로 H씨는 최종적으로 사장에게 결재 받아야 한다.

28 ④

조직목표의 기능
• 조직이 존재하는 정당성과 합법성 제공
• 조직이 나아갈 방향 제시
• 조직구성원 의사결정의 기준
• 조직구성원 행동수행의 동기유발
• 수행평가 기준
• 조직설계의 기준

29 ①

조직은 목적과 목표를 가지고 있으며, 이를 달성하기 위해 다양한 조직구조를 사용한다. 이렇게 조직이 형성되고 발전되면 조직구성원들이 공유하는 가치관, 신념, 규범 등의 조직문화가 형성되게 된다. 또한 조직의 효율성을 높이기 위해서 규칙과 규정을 제정하고 업무를 분화한다. 본 문항은 한 조직의 구성원으로서 조직의 구조와 목적, 체제 구성요소, 규칙, 규정 등 자신이 속한 조직의 체제를 제대로 이해하고 있는지에 대해 묻는 문항이다.

※ **조직체제 구성요소**

㉠ **조직목표** : 조직이 달성하려는 장래의 상태로 조직이 존재하는 정당성과 합법성을 제공한다. 전체 조직의 성과, 자원, 시장, 인력개발, 혁신과 변화, 생산성에 대한 목표가 포함된다.

㉡ **조직구조** : 조직 내의 부문 사이에 형성된 관계로 조직목표를 달성하기 위한 조직구성원들의 상호작용을 보여준다. 조직구조는 결정권의 집중정도, 명령계통, 최고경영자의 통제, 규칙과 규제의 정도에 따라 달라지며 구성원들의 업무나 권한이 분명하게 정의된 기계적 조직과 의사결정권이 하부구성원들에게 많이 위임되고 업무가 고정적이지 않은 유기적 조직으로 구분될 수 있다. 조직의 구성은 조직도를 통해 쉽게 파악할 수 있는데, 이는 구성원들의 임무, 수행하는 과업, 일하는 장소 등을 파악하는데 용이하다.

㉢ **조직문화** : 조직이 지속되게 되면서 조직구성원들 간에 공유되는 생활양식이나 가치로 조직구성원들의 사고와 행동에 영향을 미치며 일체감과 정체성을 부여하고 조직이 안정적으로 유지되게 한다. 최근 조직문화에 대한 중요성이 부각되면서 긍정적인 방향으로 조성하기 위한 경영층의 노력이 이루어지고 있다.

㉣ **조직의 규칙과 규정** : 조직의 목표나 전략에 따라 수립되어 조직구성원들의 활동범위를 제약하고 일관성을 부여하는 기능을 하는 것으로 인사규정, 총무규정, 회계규정 등이 있다. 특히 조직이 구성원들의 행동을 관리하기 위하여 규칙이나 절차에 의존하고 있는 공식화 정도에 따라 조직의 구조가 결정되기도 한다.

30 ④

조직변화의 과정 … 환경변화 인지 → 조직변화 방향 수립 → 조직변화 실행 → 변화결과 평가

31 ②

① 기획부   ③ 자금부   ④ 인사부   ⑤ 영업부
※ 총무부의 주요 업무
　　㉠ 문서 및 직인관리
　　㉡ 주주총회 및 이사회개최 관련 업무
　　㉢ 의전 및 비서업무
　　㉣ 사무실 임차 및 관리
　　㉤ 차량 및 통신시설의 운영
　　㉥ 국내외 출장 업무 협조
　　㉦ 사내외 행사 관련 업무(경조사 포함)
　　㉧ 기타 타부서에 속하지 않는 업무 등

32 ②

하급자를 상급자에게 먼저 소개해 주는 것이 일반적이며, 비임원을 임원에게 먼저 소개하여야 한다. 또한 정부 고관의 직급명은 퇴직한 경우라고 사용하는 것이 관례이다.

33 ②

'내가'라는 자아의식의 과잉은 팀워크를 저해하는 대표적인 요인이 될 수 있다. 팀워크는 팀 구성원이 공동의 목적을 달성하기 위해 상호 관계성을 가지고 서로 협력하여 일을 해나가는 것인 만큼 자아의식이 강하거나 자기중심적인 이기주의는 반드시 지양해야 할 요소가 된다.

34 ④

동기부여 방법
　㉠ 긍정적 강화법을 활용한다.
　㉡ 새로운 도전의 기회를 부여한다.
　㉢ 창의적인 문제해결법을 찾는다.
　㉣ 책임감으로 철저히 무장한다.
　㉤ 몇 가지 코칭을 한다.
　㉥ 변화를 두려워하지 않는다.
　㉦ 지속적으로 교육한다.

35 ④

④ 비전문가로부터 도움을 얻는다.
※ 고객만족을 측정하는데 있어 많은 사람들이 범하는 오류의 유형
　㉠ 고객이 원하는 것을 알고 있다고 생각한다.
　㉡ 적절한 측정 프로세스 없이 조사를 시작한다.
　㉢ 비전문가로부터 도움을 얻는다.
　㉣ 포괄적인 가치만을 질문한다.
　㉤ 중요도 척도를 오용한다.
　㉥ 모든 고객들이 동일한 수준의 서비스를 원하고 필요로 한다고 가정한다.

36 ①

② 거래적 리더십 : 리더가 부하들과 맺은 거래적 계약 관계에 기반을 두고 영향력을 발휘하는 리더십
③ 카리스마 리더십 : 자기 자신과 부하들에 대한 극단적인 신뢰, 이들을 완전히 장악하는 거대한 존재감, 그리고 명확한 비전을 가지고 일단 결정된 사항에 대해서는 절대로 흔들리지 않는 확신을 가지는 리더십
④ 서번트 리더십 : 타인을 위한 봉사에 초점을 두고 종업원과 고객의 커뮤니티를 우선으로 그들의 욕구를 만족시키기 위해 헌신하는 리더십

37 ③

팀워크 강화 노력이 필요한 때임을 나타내는 징후들
　㉠ 생산성의 하락
　㉡ 불평불만의 증가
　㉢ 팀원들 간의 적대감이나 갈등
　㉣ 할당된 임무와 관계에 대한 혼동
　㉤ 결정에 대한 오해나 결정 불이행
　㉥ 냉담과 전반적인 관심 부족
　㉦ 제안과 혁신 또는 효율적인 문제해결의 부재
　㉧ 비효율적인 회의
　㉨ 리더에 대한 높은 의존도

38 ④

리더는 변화를 두려워하지 않아야 하며 리스크를 극복할 자질을 키워야 한다. 위험을 감수해야 할 이유가 합리적이고, 목표가 실현가능한 것이라면 직원들은 기꺼이 변화를 향해 나아갈 것이며 위험을 선택한 자신에게 자긍심을 가지며 좋은 결과를 이끌어내고자 지속적으로 노력할 것이다.

39 ⑤

리더는 부하직원들이 친숙하고 위험요소가 전혀 없는 안전지대에서 벗어나 더욱 높은 목표를 향해 나아가도록 격려해야 한다. 위험을 감수해야 할 합리적이고 실현가능한 목표가 있다면 직원들은 기꺼이 변화를 향해 나아갈 것이다. 한편, 리더의 동기부여 방법은 다음과 같은 것들이 있다.

㉠ 긍정적 강화법을 활용한다.

㉡ 새로운 도전의 기회를 제공한다.

㉢ 창의적인 문제해결법을 찾는다.

㉣ 책임감으로 철저히 무장한다.

㉤ 코칭을 한다.

㉥ 변화를 두려워하지 않는다.

㉦ 지속적으로 교육한다.

40 ④

첫 번째 유형은 타협형, 두 번째 유형은 통합형을 말한다. 갈등의 해결에 있어서 문제를 근본적·본질적으로 해결하는 것이 가장 좋다. 통합형 갈등해결 방법에서의 '원원(Win-Win) 관리법'은 서로가 원하는 바를 얻을 수 있기 때문에 성공적인 업무관계를 유지하는 데 매우 효과적이다.

제3회 정답 및 해설

1 ①
다르다 … 같지 않다.

2 ②
㉠은 '알다'의 기본적 의미로 '어떤 사실이나 존재, 상태에 대해 의식이나 감각으로 깨닫거나 느끼다'의 뜻이다. ②와 문맥적 의미가 동일하다.
① '사람이 어떤 일을 어떻게 할지 스스로 정하거나 판단하다'라는 뜻이므로 적절하지 않다.
③ '어떤 일을 할 능력이나 소양이 있다'라는 뜻이므로 적절하지 않다.
④ '어떤 사람이나 사물에 대하여 소중히 생각하다'라는 뜻이므로 적절하지 않다.
⑤ '어떤 사람이나 사물에 대하여 그것을 어떠한 성격을 가진 것으로 여기다'라는 뜻이므로 적절하지 않다.

3 ③
작업으로서의 일은 생존을 위해 물질적으로는 물론 정신적으로도 풍요한 생활을 위한 도구적 기능을 담당한다.

4 ④
㉣ 과소비와 비슷한 말인 과시 소비라는 용어를 제시한 후 ㉢ 과시 소비라는 용어에 대해 설명하고 ㉠ 이러한 과시 소비를 문제로 지적하지 않고 오히려 과시 소비를 하는 자를 모방하려 한다는 내용과 모방 본능이 모방소비를 부추긴다는 내용을 제시한 후 ㉤ 모방소비라는 용어를 설명하며 이러한 모방소비가 큰 경제 악이 된다는 내용을 끝으로 글이 전개되는 것이 옳다.

5 ④
① 남에게 끼친 손해를 갚음
② 부족한 것을 보태어 채움
③ 모자라거나 부족한 것을 보충하여 완전하게 함
④ 상반되는 것이 서로 영향을 주어 효과가 없어지는 일
⑤ 주되는 것에 상대하여 거들거나 도움. 또는 그런 사람

6 ②
①③④⑤는 위 내용들을 비판하는 근거가 되지만, ②는 위 글의 주장과는 연관성이 거의 없다.

7 ③
주어진 문장은 '정보화 사회의 그릇된 태도'에 대한 내용으로, 앞에서 제기한 문제에 대해서 본격적으로 해명하는 단계를 나타낸다. 따라서 앞에는 현상의 문제점을 제시하여 화제에 대한 도입이 이루어지는 내용이 나와야 하고, 다음에는 '올바른 개념이나 인식촉구'가 드러나는 내용이 이어져야 하므로 ㈐의 위치가 가장 알맞다.

8 ④
㈐ 뒤에 '분주하고 정신이 없는 장면을 보여 주고, 나중에 그 모습에 대해서 이야기하게 해 보자'라는 문장이 언급되고 바로 ㈑ 뒤에서 '어느 부분에 주목하고, 또 어떻게 그것을 해석했는지에 따라 즐겁기도 하고 무섭기도 하다.'라는 내용이 나온다. 따라서 이 두 문장을 논리적 흐름에 맞게 연결하면서 뒤의 내용을 전체적으로 포괄하기 위해 두 문장 사이에 (A)가 들어가는 것이 적절하다.

9 ④

10   13   22   49   130   (373)   1102

$+3^1$ $+3^2$ $+3^3$ $+3^4$ $+3^5$ $+3^6$

(3)   (9)   (27)   (81)   (243)   (729)

10 ④

목요일에 비가 왔을 경우의 확률과 목요일에 비가 오지 않았을 경우의 확률을 더하면 된다.

목요일에 비가 오고, 금요일에 비가 올 확률 :

$\dfrac{1}{3} \times \dfrac{1}{3} = \dfrac{1}{9}$

목요일에 비가 오지 않고, 금요일에 비가 올 확률 :

$\dfrac{2}{3} \times \dfrac{1}{4} = \dfrac{1}{6}$

따라서 금요일에 비가 올 확률은

$\dfrac{1}{9} + \dfrac{1}{6} = \dfrac{2+3}{18} = \dfrac{5}{18}$ 이다.

11 ④

$600\text{cm} = 6\text{m}$, $500\text{cm} = 5\text{m}$이므로 $6 \times 5 = 30\text{m}^2$

12 ①

시험을 응시한 여자사원의 수를 x 라 하고, 여자사원의 총점 + 남자사원의 총점 = 전체 사원의 총점이므로 $76x + 72(100 - x) = 73 \times 100$

식을 간단히 하면 $4x = 100$

∴ 여자사원은 25명이다.

13 ③

오전 9시 이후로 다시 동시에 출발할 때까지 걸리는 시간은 12와 27의 최소공배수이므로 $2^2 \times 3^3 = 108$ (분)이다. 따라서 구하는 시각은 오전 9시로부터 108분 후 즉 1시간 48분 후인 오전 10시 48분이다.

14 ⑤

의자의 개수를 x 라 하면

$5x + 1 = (x - 11) \times 6 + 3$

$5x + 1 = 6x - 66 + 3$

$\therefore x = 64$

15 ③

구분 동아리	남학생(명)	여학생(명)	합계(명)
A	$8 + x$	16	$24 + x$
B	12	$12 - x$	$24 - x$

$\dfrac{8 + x}{24 + x} \times 100 = y$

$\dfrac{12}{24 - x} \times 100 = y + 5$

연립하여 계산하면 $\dfrac{800 + 100x}{24 + x} + 5 = \dfrac{1,200}{24 - x}$

$5x^2 - 16x - 192 = 0$

$(5x + 24)(x - 8) = 0$

$x = 8, y = 50$

$x + y = 58$

16 ③

㉠ 직원들의 평균 실적 $= \dfrac{2 + 6 + 4 + 8 + 10}{6} = 5$ 건

㉣ 여자 직원이거나 실적이 7건 이상인 직원은 C, E, F로 전체 직원 수의 50% 이상이다.

㉡ 남자면서 실적이 5건 이상인 직원은 F뿐이므로 전체 남자 직원의 수의 50% 이하이다.

㉢ 실적이 2건 이상인 남자 직원의 수는 3명, 실적이 4건 이상인 여자 직원의 수 2명이다.

17 ④

조건에 따르면 자음은 세 개 이상만 연달아 나타날 수 없고, 중복 사용에 대한 제한은 없다. 한 단어에 같은 모음은 많아야 두 번 나올 수 있으므로 총 10개의 모음이 나올 수 있다. 따라서 '모음 – 자음 – 자음'의 형태가 총 10번 반복된다(글자 수는 총 30개).

그런데 자음은 중복 사용이 가능하므로 맨 처음의 모음 앞에 두 글자가 더 올 수 있게 되어 글자 수는 총 32개가 된다.

모든 단어에서 사용된 문자의 개수는 홀수이어야 하므로 32 – 1이 되어 총 31개가 된다.

18 ③

조건대로 고정된 순서를 정리하면 다음과 같다.

- B 차장 → A 부장
- C 과장 → D 대리
- E 대리 → ? → ? → C 과장

따라서 E 대리 → ? → ? → C 과장 → D 대리의 순서가 성립되며, 이 상태에서 경우의 수를 따져보면 다음과 같다.

㉠ B 차장이 첫 번째인 경우라면, 세 번째와 네 번째는 A 부장과 F 사원(또는 F 사원과 A 부장)가 된다.

㉡ B 차장이 세 번째인 경우는 E 대리의 바로 다음인 경우와 C 과장의 바로 앞인 두 가지의 경우가 있을 수 있다.

- E 대리의 바로 다음인 경우: A 부장 – E 대리 – B 차장 – F 사원 – C 과장 – D 대리의 순이 된다.
- C 과장의 바로 앞인 경우: E 대리 – F 사원 – B 차장 – C 과장 – D 대리 – A 부장의 순이 된다.

따라서 위에서 정리된 바와 같이 가능한 세 가지의 경우에서 두 번째로 사회봉사활동을 갈 수 있는 사람은 E 대리와 F 사원 밖에 없다.

19 ①

만약 을의 예측이 맞고 병의 예측이 그르다고 한다면, 현구씨는 프랑스에 가고, 상민씨는 중국에 가는 것이 된다. 이렇게 되면 정의 예측은 그르다가 되고, 갑의 예측은 옳은 것이 된다.

만약 병의 예측이 맞고 을의 예측이 그르다고 한다면, 동근씨는 미국에 가게 되므로 정의 예측은 그르다가 된다. 그러면 갑, 을, 정의 예측이 모두 그르다가 되므로 조건이 성립되지 않는다.

정리를 하면, 갑의 예측은 옳은 것이므로 동근씨는 미국에 가고 현구씨는 프랑스에 가고, 상민씨는 중국에 간다.

20 ③

명제가 항상 참이면 그 대우도 항상 참이다.

예금 메뉴, 조회 메뉴, 펀드 메뉴를 모두 이용하는 고객이 있다.

- 예금 메뉴를 이용하는 모든 고객은 조회 메뉴를 이용한다. (명제)
- → 조회 메뉴를 이용하는 모든 고객은 예금 메뉴를 이용한다. (역)
  예금 메뉴를 이용하지 않는 어떤 고객은 조회 메뉴를 이용하지 않는다. (이)
  조회 메뉴를 이용하지 않는 어떤 고객은 예금 메뉴를 이용하지 않는다. (대우)
- 조회 메뉴를 이용하는 어떤 고객은 이체 메뉴를 이용한다. (명제)
- → 이체 메뉴를 이용하는 어떤 고객은 조회 메뉴를 이용한다. (역)
  조회 메뉴를 이용하지 않는 모든 고객은 이체 메뉴를 이용하지 않는다. (이)
  이체 메뉴를 이용하지 않는 모든 고객은 조회 메뉴를 이용하지 않는다. (대우)
- 펀드 메뉴를 이용하는 모든 고객은 조회 메뉴를 이용한다. (명제)
- → 조회 메뉴를 이용하는 모든 고객은 펀드 메뉴를 이용한다. (역)
  펀드 메뉴를 이용하지 않는 어떤 고객은 조회 메뉴를 이용하지 않는다. (이)
  조회 메뉴를 이용하지 않는 어떤 고객은 펀드 메뉴를 이용하지 않는다. (대우)

21 ④

두 번째 조건을 부등호로 나타내면, C < A < E

세 번째 조건을 부등호로 나타내면, B < D, B < A

네 번째 조건을 부등호로 나타내면, B < C < D

다섯 번째 조건에 의해 다음과 같이 정리할 수 있다.

∴ B < C < D, A < E

① 주어진 조건만으로는 세 번째로 월급이 많은 사람이 A인지, D인지 알 수 없다.

② B < C < D, A < E이므로 월급이 가장 많은 E는 월급을 50만 원을 받고, A와 D는 각각 40만 원 또는 30만 원을 받으며, C는 20만 원을, B는 10만 원을 받는다. E와 C의 월급은 30만 원 차이가 난다.

③ B의 월급은 10만 원, E의 월급은 50만 원이므로 합하면 60만 원이다.

C의 월급은 20만 원을 받지만, A는 40만 원을 받는지 30만 원을 받는지 알 수 없으므로 B와 E의 월급의 합은 A와 C의 월급의 합보다 많을 수도 있고, 같을 수도 있다.

⑤ 월급이 가장 적은 사람은 B이다.

22 ④

C거래처 사원(9시~10시) – A거래처 과장(10시~12시) – B거래처 대리(12시~14시) – F은행(14시~15시) – G미술관(15시~16시) – E서점(16시~18시) – D거래처 부장(18시~)

① E서점까지 들리면 16시가 되는데, 그 이후에 G미술관을 관람할 수 없다.

② F은행까지 들리면 13시가 되는데, B거래처 대리 약속은 18시에 가능하다.

③ G미술관 관람을 마치고 나면 11시가 되는데 F은행은 12시에 가야 한다. 1시간 기다려서 F은행 일이 끝나면 13시가 되는데, B거래처 대리 약속은 18시에 가능하다.

⑤ A거래처 과장을 만나고 나면 1시간 기다려서 G미술관 관람을 하여야 하며, 관람을 마치면 14시가 되어 B거래처 대리를 18시에 만나게 될 수밖에 없는데 그렇게 되면 D거래처 부장은 만날 수 없다.

23 ⑤

블랙은 이 열이 실제로 온도계에 변화를 주지 않기 때문에 이를 '잠열(潛熱)'이라 불렀다.

→ ㉠ A의 온도계로는 잠열을 직접 측정할 수 없었다. – 참

눈이 녹는점에 있음에도 불구하고 많은 양의 뜨거운 물은 눈을 조금밖에 녹이지 못했다. 이는 잠열 때문이다.

→ ㉡ 얼음이 녹는점에 이르러도 완전히 녹지 않는 것은 잠열 때문이다. – 참

A에서는 얼음이 녹으면서 생긴 물과 녹고 있는 얼음의 온도가 녹는점에서 일정하게 유지되었는데 이 상태는 얼음이 완전히 녹을 때까지 지속되었다.

→ ㉢ A의 얼음이 완전히 물로 바뀔 때까지, A의 얼음물 온도는 일정하게 유지된다. – 참

24 ①

주어진 조건을 잘 풀어보면 민수는 A기업에 다닌다, 영어를 잘하면 업무능력이 뛰어나다, 업무능력이 뛰어나지 못하면 영어를 못한다, 영어를 못하는 사람은 A기업에 다니지 않는다, A기업 사람은 영어를 잘한다. 전체적으로 연결시켜 보면 '민수 → A기업에 다닌다. → 영어를 잘한다. → 업무능력이 뛰어나다.' 이므로 '민수는 업무능력이 뛰어나다.'는 결론을 도출할 수 있다.

25 ④

위 그림은 프로젝트 조직형태(Project Organization)를 나타낸 것이다. 임시로 편성된 조직이며 혁신적이거나 또는 비일상적인 업무를 해결하기 위한 동태적인 조직이다. 직무의 체계라는 성격적 특성이 강하고 경영조직을 프로젝트별로 조직화하였다. 이러한 조직은 부서 간 책임분산으로 인해 통합 기능의 부재 및 갈등발생의 가능성이 있다.

26 ③

직원 교육에 대한 업무는 인사과에서 담당하기 때문에 교육세미나에 대해 인사과와 협의해야하지만 영업교육과 프레젠테이션 기술 교육을 인사과 직원이 직접 하는 것은 아니다.

27 ④

협의 사항 중 비서실과 관련된 내용은 없다.

28 ②

① 영업교육과 프레젠테이션 기술 교육

③ 연 2회

④ 영업직원의 영업능력 향상

⑤ 인사과

29 ①

경영참가제도

㉠ 목적

- 경영의 민주성을 제고할 수 있다.
- 공동으로 문제를 해결하고 노사 간의 세력 균형을 이룰 수 있다.
- 경영의 효율성을 제고할 수 있다.
- 노사 간 상호 신뢰를 증진시킬 수 있다.

㉡ 유형

- 경영참가 : 경영자의 권한인 의사결정과정에 근로자 또는 노동조합이 참여하는 것
- 이윤참가 : 조직의 경영성과에 대하여 근로자에게 배분하는 것
- 자본참가 : 근로자가 조직 재산의 소유에 참여하는 것

30 ②

조직구조의 유형

㉠ 기계적 조직

- 구성원들의 업무가 분명하게 규정
- 엄격한 상하 간 위계질서
- 다수의 규칙과 규정 존재

㉡ 유기적 조직

- 비공식적인 상호의사소통
- 급변하는 환경에 적합한 조직

31 ②

발신부서는 소프트웨어를 제작하는 팀이므로 연구개발팀이고, 발신부서는 수신부서에게 신제품 개발에 대한 대략적인 내용과 함께 영업 마케팅에 대한 당부를 하고 있으므로 수신부서는 영업팀이 가장 적절하다.

32 ②

㉡ → 강력하고 견고한 유통망이 있을 경우, 고객을 세분화하여 제품 차별화 전략을 활용할 수 있다.

㉣ → 차별화를 이루게 되면 경험과 노하우에 따른 더욱 특화된 제품이나 서비스가 제공되므로 신규기업 진입에 대한 효과적인 억제가 가능하게 된다.

㉠㉢ → 차별화에는 많은 비용이 소요되므로 반드시 비용측면을 고려해야 하며 일정 부분의 경영상 제약이 생길 수 있다.

㉤ → 지역별, 연령별, 성별 특성 등의 선호체계 구분이 뚜렷할 경우 맞춤형 전략 수립이 용이하다.

33 ④

박스 안의 고객은 전문가처럼 보이고 싶어 하는 고객의 유형에 해당한다. 이러한 유형의 고객에게는 정면 도전을 피하고 고객이 주장하는 내용의 문제점을 스스로 느낄 수 있도록 대안이나 개선에 대한 방안을 유도해 내도록 해야 한다. 또한, 대화 중에 반론을 하거나 자존심을 건드리는 행위를 하지 않도록 주의하며 자신의 전문성을 강조하지 말고 문제 해결에 초점을 맞추어 고객의 무리한 요망사항에 대체할 수 있는 사실을 언급한다.

34 ①

협상과정 … 협상 시작 → 상호 이해 → 실질 이해 → 해결 대안 → 합의 문서

35 ②

'임파워먼트'란 조직성원들을 신뢰하고 그들의 잠재력을 믿으며 그 잠재력의 개발을 통해 High Performance 조직이 되도록 하는 일련의 행위를 말한다.

※ 높은 성과를 내는 임파워먼트 환경의 특징
  ㉠ 도전적이고 흥미 있는 일
  ㉡ 학습과 성장의 기회
  ㉢ 높은 성과와 지속적인 개선을 가져오는 요인들에 대한 통제
  ㉣ 성과에 대한 지식
  ㉤ 긍정적인 인간관계
  ㉥ 개인들이 공헌하며 만족한다는 느낌
  ㉦ 상부로부터의 지원

36 ②

② 자아인식능력은 자기개발능력을 구성하는 하위능력 중에 하나이다.

※ 대인관계능력을 구성하는 하위능력
  ㉠ 팀워크능력
  ㉡ 리더십능력
  ㉢ 갈등관리능력
  ㉣ 협상능력
  ㉤ 고객서비스능력

37 ④

변화에 소극적인 직원들을 성공적으로 이끌기 위한 방법
  ㉠ 개방적인 분위기를 조성한다.
  ㉡ 객관적인 자세를 유지한다.
  ㉢ 직원들의 감정을 세심하게 살핀다.
  ㉣ 변화의 긍정적인 면을 강조한다.
  ㉤ 변화에 적응할 시간을 준다.

38 ④

업무 수행성과를 높이는 방법으로 일을 미루지 않기, 업무 묶어서 처리하기, 다른 사람과 다른 방식으로 일하기, 회사와 팀 업무 지침 따르기, 역할 모델 설정하기 등이 있다.

39 ②

권위 전략이란 직위나 전문성, 외모 등을 이용하면 협상 과정상의 갈등해결에 도움이 될 수 있다는 것이다. 설득기술에 있어서 권위란 직위, 전문성, 외모 등에 의한 기술이다. 사람들은 자신보다 더 높은 직위, 더 많은 지식을 가지고 있다고 느끼는 사람으로부터 설득 당하기가 쉽다. 계장의 말씀보다 국장의 말씀에 더 권위가 있고 설득력이 높다. 비전문가보다 전문가의 말에 더 동조하게 된다. 전문성이 있는 사람이 그렇지 않은 사람보다 더 권위와 설득력이 있다.

40 ③

고객의 불평은 서비스를 개선하기 위해 매우 중요한 정보가 된다. 선택지 ①, ②, ④, ⑤의 내용은 고객의 불평에 대해 부정적인 인식을 예방하고 좋은 방안으로 활용하기 위해 꼭 알아야 할 사항들이다.

③ 서 대리와 같이 적극적으로 상담에 임하는 자세를 회사의 가치 왜곡을 바로잡고자 고객에게 항변하는 모습으로 볼 수는 없다.

제4회 정답 및 해설

1 ①

섭렵 … 물을 건너 찾아다닌다는 뜻으로, 온갖 책을 널리 읽거나 여기저기 찾아다니며 경험함을 이르는 말이다.
② 곰곰이 잘 생각함 또는 그런 생각을 의미한다.
③ 괴로워하고 번뇌함을 의미하는 말이다.
④ 사람이 머리를 써서 사물을 헤아리고 판단하는 작용을 뜻한다.
⑤ 살펴서 도움이 될 만한 재료로 삼는다.

2 ③

① 강한 힘이나 권력으로 강제로 억누름
② 자기의 뜻대로 자유로이 행동하지 못하도록 억지로 억누름
③ 위엄이나 위력 따위로 압박하거나 정신적으로 억누름
④ 폭력으로 억압함
⑤ 무겁게 내리누름, 참기 어렵게 강제하거나 강요하는 힘

3 ②

② 두 문장에 쓰인 '물다'의 의미가 '윗니와 아랫니 사이에 끼운 상태로 상처가 날 만큼 세게 누르다.' '이, 빈대, 모기 따위의 벌레가 주둥이 끝으로 살을 찌르다.'이므로 다의어 관계이다.
①③④⑤ 두 문장의 단어가 서로 동음이의어 관계이다.

4 ①

ⓒ 책을 사와서 독서하는 방식이 현재에는 흔하다는 내용이 먼저 제시되고 ㉠ 근대 이전에는 책을 소유하는 것이 어려웠으며 책을 쓰고 읽는 일 자체를 아무나 할 수 없었다는 내용이 제시된 후 ㉢ 이와 같은 이유로 옛사람들의 독서와 공부 방법은 현재와 달랐다는 이야기가 나오고 ㉣ 관련된 김득신의 일화를 제시하며 ㉡ 그 일화에 대한 설명을 끝으로 글이 전개되는 것이 옳다.

5 ①

갈무리 … 물건 따위를 잘 정리하거나 간수하다, 일을 처리하여 마무리하다

6 ②

①③④⑤는 지문에서 확인할 수 있으나 ②는 지문을 통해 알 수 없는 내용이다.

7 ③

민아는 압박질문이나 예상치 못한 질문에 대해 걱정을 하고 있으므로 침착하게 대응하라고 조언을 해주는 것이 좋다.

8 ③

'줄여 간 게 아니라면 그래도 잘된 게 아니냐'는 위로에 반응이 신통치 않았고, '집이 형편없이 낡았다'고 토로했다. 이에 대해 이어지는 '낡았다고 해도 설마 무너지기야 하랴'라는 말에 위로치고는 어이가 없어서 웃었을 것으로 짐작할 수 있다.

9 ③

분자의 경우는 3씩 증가하고 분모의 경우는 10씩 증가하고 있다.

10 ①

작년의 송전 설비 수리 건수를 x, 배전 설비 수리 건수를 y라고 할 때, $x+y=238$이 성립한다. 또한 감소 비율이 각각 40%와 10%이므로 올해의 수리 건수는 $0.6x$와 $0.9y$가 되며, 이것의 비율이 5:3이므로 $0.6x:0.9y=5:3$이 되어 $1.8x=4.5y(\rightarrow x=2.5y)$가 된다.

따라서 두 연립방정식을 계산하면, $3.5y=238$이 되어 $y=68$, $x=170$건임을 알 수 있다. 그러므로 올해의 송전 설비 수리 건수는 $170\times0.6=102$건이 된다.

11 ③

매출액은 100억, 물류비는 10억, 순이익은 5억이 된다. 물류비를 5% 추가 절감하면 10억에서 9억 5천이 되므로 순이익이 5억 5천만 원으로 증가하게 된다. 순이익을 매출액으로 환원하면 110억이므로 10억이 증가하게 된다.

12 ③

③에 설명된 내용은 선 그래프가 아닌 점 그래프에 대한 내용이다. 선 그래프는 꺾은선 그래프라고도 하며, 그래프의 가장 기본적인 활용 형태로서, 시간적 추이(시계열 변화)를 표시하는데 적합하여 연도별 매출액 추이 변화 등을 나타낼 수 있다.

13 ①

20리터가 연료탱크 용량의 $\dfrac{2}{3}-\dfrac{1}{3}=\dfrac{1}{3}$에 해당한다.

휘발유를 넣은 직후 연료는 40리터가 있으므로 300km 주행 후 남은 연료의 양은

$40\text{L}-\dfrac{300\text{km}}{12\text{km}/\text{L}}=40\text{L}-25\text{L}=15\text{L}$이다.

14 ④

㉠ A 쇼핑몰
• 회원혜택을 선택한 경우 : $129,000-7,000+2,000=124,000$(원)
• 5% 할인쿠폰을 선택한 경우 :
 $129,000\times0.95+2,000=124,550$

㉡ B 쇼핑몰 : $131,000\times0.97-3,500=123,570$

㉢ C 쇼핑몰
• 회원혜택을 선택한 경우 : $130,000\times0.93+2,500=123,400$
• 5,000원 할인쿠폰을 선택한 경우 : $130,000-5,000+2,500=127,500$　　　　∴ C<B<A

15 ①

시행 이후 두 주머니에 있는 검은 공의 개수가 같아지는 경우는 주머니 A에서 검은 공 두 개를 꺼내고 다시 주머니 B에서 검은 공 한 개, 흰 공 한 개를 꺼내는 경우, 주머니 A에서 검은 공 한 개, 흰 공 한 개를 꺼내고 다시 주머니 B에서 흰 공 두 개를 꺼내는 경우이다.

첫 번째 경우의 확률을 구하면

$\dfrac{_4C_2}{_6C_2}\times\dfrac{_4C_1\times_4C_1}{_8C_2}=\dfrac{6}{15}\times\dfrac{16}{28}$

두 번째 경우의 확률을 구하면

$\dfrac{_2C_1\times_4C_1}{_6C_2}\times\dfrac{_5C_2}{_8C_2}=\dfrac{8}{15}\times\dfrac{10}{28}$

따라서 두 주머니에 있는 검은 공의 개수가 같아졌을 때, 주머니 A에서 꺼낸 고이 모두 검은 공이었을 확률은 조건부 확률로써 다음과 같다.

$$\dfrac{\dfrac{6}{15}\times\dfrac{16}{28}}{\dfrac{6}{15}\times\dfrac{16}{28}+\dfrac{8}{15}\times\dfrac{10}{28}}=\dfrac{96}{96+80}=\dfrac{6}{11}$$

16 ⑤

㉠ 서울의 어음부도율은 차이가 없지만, 지방은 2월과 4월에 회복세를 보였다.

㉡ 1월 : $\dfrac{43}{130}\times100=33\%$, 4월 : $\dfrac{37}{94}\times100=39\%$

㉢ 어음부도율이 낮아지는 것은 국내 경기가 전월보다 회복세를 보이고 있다는 것으로 볼 수 있다.

17 ③

D가 치과의사라면 ㉣에 의해 C는 치과의사가 되지만 그렇게 될 경우 C와 D 둘 다 치과의사가 되기 때문에 모순이 된다. 이를 통해 D는 치과의사가 아님을 알 수 있다. ㉡과 ㉤때문에 B는 승무원, 영화배우가 될 수 없다. ㉃을 통해서는 B가 국회의원이 아니라 치과의사라는 사실을 알 수 있다. ㉣에 의해 C는 치과의사가 아니므로 D는 국회의원이라는 결론을 내릴 수 있다. 또한 ㉢에 의해 C는 영화배우가 아님을 알 수 있다. C는 치과의사도, 국회의원도, 영화배우도 아니므로 승무원이란 사실을 추론할 수 있다. 나머지 A는 영화배우가 될 수밖에 없다.

18 ⑤

총 8명의 선수 중 부장, 과장 각 1명, 대리 3명을 포함하고 나면 나머지 3명으로 경우의 수를 구성하게 된다. 이 3명은 사원+대리+부장+과장이며 사원은 0명 또는 2명이 출전한다.

따라서 사원이 출전하지 않을 경우와 2명이 출전할 경우에 대한 경우의 수를 구하면 된다.

〈사원 출전하지 않을 경우〉 〈사원 2명이 출전할 경우〉

대리0, 부장0, 과장3	대리0, 부장0, 과장1
대리0, 부장1, 과장2	대리0, 부장1, 과장0
대리1, 부장0, 과장2	대리1, 부장0, 과장0
대리1, 부장1, 과장1	
대리2, 부장0, 과장1	
대리2, 부장1, 과장0	

따라서 총 9가지 경우의 수가 생기게 된다.

19 ②

• 착한 사람들 중에서 똑똑한 여자는 모두 인기가 많다. → 착함, 똑똑, 여자 → 인기 多
• 똑똑한 사람들 중에서 착한 남자는 모두 인기가 많다. → 똑똑, 착함, 남자 → 인기 多
• "인기가 많지 않지만 멋진 남자가 있다"라는 말은 거짓이다. → 멋진 남자 → 인기 多
• 영희는 멋지지 않지만 똑똑한 여자이다. → 멋지지 않음, 똑똑, 여자 → 순이
• 철수는 인기는 많지 않지만 착한 남자이다. → 인기 없음, 착함, 남자 → 철수 → 똑똑 못함

① 참
② 거짓
③ 참
④ 참
⑤ 참

20 ③

분석적 사고는 문제가 성과 지향, 가설 지향, 사실 지향의 세 가지 경우에 따라 각기 요구되는 사고의 특징을 달리한다.
① 성과 지향의 문제에 요구되는 사고의 특징이다.
② 사실 지향의 문제에 요구되는 사고의 특징이다.
④ 가설 지향의 문제에 요구되는 사고의 특징이다.
⑤ 전략적 사고의 특징이다.

21 ②

C의 진술이 참이면 C는 출장을 간다. 그러나 C의 진술이 참이면 A는 출장을 가지 않고 A의 진술은 거짓이 된다. A의 진술이 거짓이 되면 그 부정은 참이 된다. 그러므로 D, E 두 사람은 모두 출장을 가지 않는다. 또한 D, E의 진술은 거짓이 된다.

D의 진술이 거짓이 되면 실제 출장을 가는 사람은 2명 미만이 된다. 그럼 출장을 가는 사람은 한 사람 또는 한 사람도 없는 것이 된다.

E의 진술이 거짓이 되면 C가 출장을 가고 A는 안 간다. 그러므로 E의 진술도 거짓이 된다.

그러면 B의 진술도 거짓이 된다. D, A는 모두 출장을 가지 않는다. 그러면 C만 출장을 가게 되고 출장을 가는 사람은 한 사람이다.

만약 C의 진술이 거짓이라면 출장을 가는 사람은 2명 미만이어야 한다. 그런데 이미 A가 출장을 간다고 했으므로 B, E의 진술은 모두 거짓이 된다. B 진술의 부정은 D가 출장을 가지 않고 A도 출장을 가지 않는 것이므로 거짓이 된다. 그러면 B의 진술도 참이 되어 B가 출장을 가야 한다. 그러면 D의 진술이 거짓인 경가 존재하자 않게 되므로 모순이 된다. 그럼 D의 진술이 참인 경우를 생각하면 출장을 가는 사람은 A, D이므로 이미 출장 가는 사람은 2명 이상이 된다. 그러면 B, D의 진술의 진위여부를 가리기 어려워진다.

22 ②

- A와 B 모두 문을 열지는 않았다. → A 또는 B가 문을 열었다.
- A가 문을 열었다면, C도 문을 열었다. → A가 문을 열지 않으면 C도 문을 열지 않는다.
- A가 문을 열지 않았다면, B가 문을 열었거나 C가 문을 열었다. → B가 문을 열었다.
- C는 문을 열지 않았다. → C가 열지 않았으므로 A도 열지 않았다.
- D가 문을 열었다면, B가 문을 열지 않았다. → B가 문을 열었으므로 D는 열지 않았다.
- D가 문을 열지 않았다면, E도 문을 열지 않았다. A, C, D, E는 문을 열지 않았다.

23 ②

㉠ 갑이 1위인 경우

자신보다 낮은 순위의 사람에 대한 진술은 참이므로 병은 2위이다.

그리고 병이 2위일 경우, 정은 2위이다. 라는 진술은 거짓이 된다. 자신보다 높은 순위의 사람에 대한 진술이 거짓이므로 정은 1위가 된다. 동순위가 없다고 하였으므로 갑은 1위가 될 수 없다.

㉡ 을이 2위인 경우

병이 말한 정은 2위이다. 라는 진술은 거짓이 되고, 자신보다 높은 순위의 사람에 대한 진술이 거짓이므로 정이 1위가 된다. 갑의 진술인 병은 1위이거나 2위이다. 라는 진술은 자신보다 높은 순위의 사람에 대한 진술이 거짓이므로 거짓이 된다. 갑은 병보다 순위가 낮다.

정은 3위이거나 4위이다. 라는 을의 진술 또한 본인보다 순위가 높기에 거짓이므로 을이 2위가 된다.

그러므로 1위가 정, 2위가 을, 3위가 병, 4위가 갑이 된다.

24 ①

㉠과 ㉢에 의해 A − D − C 순서이다.

㉥에 의해 나머지는 모두 C 뒤에 들어왔다는 것을 알 수 있다.

㉡과 ㉤에 의해 B − E − F 순서이다.

따라서 A − D − C − B − E − F 순서가 된다.

25 ③

문제에서는 내부고객의 개념을 묻고 있다. 내부고객은 자사의 이익 창출을 위한 매개체가 되는 직장상사 또는 부하직원 및 동료 등의 실제적인 조직의 구성원을 의미하는데, 이들은 일선에서 실제 매출을 발생시키는 외부고객들에 대해서 자사의 이미지와 발전가능성을 제시하는 선두에 있는 고객들이다. 하지만, 자사에 대한 이들 내부 고객(상사, 종업원 등)의 실망은 고객서비스의 추락으로 이어지며, 이들을 포함한 외부고객들 또한 자사로부터 등을 돌리게 되는 결과를 초래하게 될 것이다.

26 ①

조직체제 구성요소

㉠ 조직목표 : 조직이 달성하려는 장래의 상태로 조직이 존재하는 정당성과 합법성을 제공한다. 전체 조직의 성과, 자원, 시장, 인력개발, 혁신과 변화, 생산성에 대한 목표가 포함된다.

㉡ 조직구조 : 조직 내의 부문 사이에 형성된 관계로 조직목표를 달성하기 위한 조직구성원들의 상호작용을 보여준다. 조직구조는 결정권의 집중정도, 명령계통, 최고경영자의 통제, 규칙과 규제의 정도에 따라 달라지며 구성원들의 업무나 권한이 분명하게 정의된 기계적 조직과 의사결정권이 하부 구성원들에게 많이 위임되고 업무가 고정적이지 않은 유기적 조직으로 구분될 수 있다. 조직의 구성은 조직도를 통해 쉽게 파악할 수 있는데, 이는 구성원들의 임무, 수행하는 과업, 일하는 장소 등을 파악하는데 용이하다.

㉢ 조직문화 : 조직이 지속되게 되면서 조직구성원들 간에 공유되는 생활양식이나 가치로 조직구성원들의 사고와 행동에 영향을 미치며 일체감과 정체성을 부여하고 조직이 안정적으로 유지되게 한다. 최근 조직문화에 대한 중요성이 부각되면서 긍정적인 방향으로 조성하기 위한 경영층의 노력이 이루어지고 있다.

㉣ 조직의 규칙과 규정 : 조직의 목표나 전략에 따라 수립되어 조직구성원들의 활동범위를 제약하고 일관성을 부여하는 기능을 하는 것으로 인사규정, 총무규정, 회계규정 등이 있다. 특히 조직이 구성원들의 행동을 관리하기 위하여 규칙이나 절차에 의존하고 있는 공식화 정도에 따라 조직의 구조가 결정되기도 한다.

27 ③

경영전략 추진과정

28 ②

② 영리조직은 대표적으로 사기업을 말한다.

29 ④

총무부는 주주총회 및 이사회개최 관련 업무, 의전 및 비서업무, 법률자문과 소송관리의 업무를 하며, 영업부가 외상매출금의 청구 및 회수, 판매예산의 편성, 견적 및 계약의 업무를 다룬다.

30 ②

② 이란에서 노란색 꽃은 적대감을 표시한다.

31 ②

ⓒ 사장직속으로는 3개 본부, 12개 처, 3개 실로 구성되어 있다.

ⓒ 해외부사장은 2개의 본부를 이끌고 있다.

ⓔ 노무처는 관리본부에, 재무처는 기획본부에 소속되어 있다.

32 ⑤

ⓒ 노동조합의 기능이 다양하게 확대됨에 따라 근로자의 경영참가를 자연스럽게 받아들일 수밖에 없는 사회 전반적인 분위기 확산도 경영참가제도의 발전 배경으로 볼 수 있다.

ⓗ 노사 양측의 조직규모는 지속적으로 거대화 되었으며, 이에 따른 사회적 책임이 증대되었고 노사관계가 국민경제에 미치는 영향이 커짐으로 인해 분쟁을 가능한 한 회피하고 평화적으로 해결하기 위한 필요성도 경영참가제도를 발전시킨 배경으로 볼 수 있다.

ⓔ 기술혁신은 인력의 절감효과를 가져와 격렬한 노사분쟁을 유발하고 생산성 향상에 오히려 역효과를 초래하게 되어, 결국 이러한 문제 해결을 위해 노사 간의 충분한 대화가 필요해지며 이런 대화의 장을 마련하기 위한 방안으로 경영참가제도가 발전하였다고 볼 수 있다.

33 ⑤

위 대화에서 A변호사는 I-Message의 대화스킬을 활용하고 있다.

⑤ I-Message가 아닌 You-Message에 대한 설명이다. 상대에게 일방적으로 강요, 공격, 비난하는 느낌을 전달하게 되면 상대는 변명하려 하거나 또는 반감, 저항, 공격성 등을 보이게 된다.

34 ①

높은 성과를 내는 임파워먼트 환경의 특징

• 도전적이고 흥미 있는 일
• 학습과 성장의 기회
• 높은 성과와 지속적인 개선을 가져오는 요인들에 대한 통제
• 성과에 대한 지식
• 긍정적인 인간관계
• 개인들이 공헌하며 만족한다는 느낌
• 상부로부터의 지원

35 ②

② 순응형 멤버십에 대한 설명이다.

36 ③

① 의사소통능력
② 자기개발능력
④ 문제해결능력
⑤ 기술능력

37 ②

이 과장은 상대방 측 대표들과 만나서 현재 상황과 이들이 원하는 주장이 무엇인지를 파악한 후 김 실장에게 협상이 가능한 안건을 제시한 것이므로 실질이해 전 단계인 상호이해단계로 볼 수 있다.

※ 협상과정의 5단계

　㉠ 협상시작 : 협상 당사자들 사이에 친근감을 쌓고, 간접적인 방법으로 협상 의사를 전달하며 상대방의 협상의지를 확인하고 협상 진행을 위한 체계를 결정하는 단계이다.

　㉡ 상호이해 : 갈등 문제의 진행 상황과 현재의 상황을 점검하고 적극적으로 경청하며 자기주장을 제시한다. 협상을 위한 협상안건을 결정하는 단계이다.

　㉢ 실질이해 : 겉으로 주장하는 것과 실제로 원하는 것을 구분하여 실제 원하는 것을 찾아내고 분할과 통합기법을 활용하여 이해관계를 분석하는 단계이다.

　㉣ 해결방안 : 협상 안건마다 대안들을 평가하고 개발한 대안들을 평가하며 최선의 대안에 대해 합의하고 선택한 후 선택한 대안 이행을 위한 실행 계획을 수립하는 단계이다.

　㉤ 합의문서 : 합의문을 작성하고 합의문의 합의 내용 및 용어 등을 재점검한 후 합의문에 서명하는 단계이다.

38 ④

최 사장은 공장장 교체 요구를 철회시켜 자신에게 믿음을 보여 준 직원을 계속 유지시킬 수 있었고, 노조 측은 처우 개선과 임금 인상 요구를 관철시켰으므로 'win-win'하였다고 볼 수 있다. 통합형은 협력형(collaborating)이라고도 하는데, 자신은 물론 상대방에 대한 관심이 모두 높은 경우로서 '나도 이기고 너도 이기는 방법(win-win)'을 말한다. 이 방법은 문제해결을 위하여 서로 간에 정보를 교환하면서 모두의 목표를 달성할 수 있는 해법을 찾는다. 아울러 서로의 차이를 인정하고 배려하는 신뢰감과 공개적인 대화를 필요로 한다. 통합형이 가장 바람직한 갈등해결 유형이라 할 수 있다.

39 ③

고객만족을 측정함에 있어 흔히 오류를 범하는 형태로 다음과 같은 것들이 있다.

　㉠ 고객이 원하는 것을 알고 있다고 생각함
　㉡ 적절한 측정 프로세스 없이 조사를 시작함
　㉢ 비전문가로부터 도움을 얻음
　㉣ 포괄적인 가치만을 질문함
　㉤ 중요도 척도를 오용함
　㉥ 모든 고객들이 동일한 수준의 서비스를 원하고 필요하다고 가정함

40 ②

효과적인 팀은 결국 결과로 이야기할 수 있어야 한다. 필요할 때 필요한 것을 만들어 내는 능력은 효과적인 팀의 진정한 기준이 되며, 효과적인 팀은 개별 팀원의 노력을 단순히 합친 것 이상의 결과를 성취하는 능력을 가지고 있다. 이러한 팀의 구성원들은 지속적으로 시간, 비용 및 품질 기준을 충족시켜 준다. 결과를 통한 '최적의 생산성'은 바로 팀원 모두가 공유하는 목표이다.

선택지에 주어진 것 이외에도 효과적인 팀의 특징으로는 '팀의 사명과 목표를 명확하게 기술한다.', '창조적으로 운영된다.', '리더십 역량을 공유하며 구성원 상호 간에 지원을 아끼지 않는다.', '팀 풍토를 발전시킨다.' 등이 있다.

제5회 정답 및 해설

1 ③

발부 ··· 증서 · 영장 등을 발행함을 이르는 말이다.

2 ②

① 생각이나 판단력이 분명하고 똑똑함
② 병, 근심, 고생 따위로 얼굴이나 몸이 여위고 파리함
③ 용기나 줏대가 없어 남에게 굽히기 쉬움
④ 마음이나 기운이 꺾임.
⑤ 품위나 몸가짐이 속되지 아니하고 훌륭함

3 ④

환멸 ··· 꿈이나 기대나 환상이 깨어짐 또는 그때 느끼는 괴롭고도 속절없는 마음
① 곤란한 일을 당하여 어찌할 바를 모름
② 심한 모욕 또는 참기 힘든 일
③ 수줍거나 창피하여 볼 낯이 없음
⑤ 뜻밖의 변이나 망신스러운 일을 당함

4 ⑤

첫 번째 괄호는 바로 전 문장과 반대 되는 내용이 뒤에 문장에 나오므로 '반면에'가 적절하다. 두 번째 괄호는 앞의 내용이 뒤의 내용의 이유나 원인이 되므로 '그러므로'가 적절하다.

5 ①

① 가치, 능력, 역량 따위를 알아볼 수 있는 기준이 되는 기회나 사물을 비유적으로 이르는 말
② 출병할 때에 그 뜻을 적어서 임금에게 올리던 글
③ 펌프질을 할 때 물을 끌어올리기 위하여 위에서 붓는 물
④ 사물의 중심이 되는 부분을 비유적으로 이르는 말
⑤ 자신의 이익을 위하여 쓰는 교묘한 수단

6 ③

③ 뒤의 문장에서 '하지만 ~ 수단 역할을 하는 데 있다.'라는 말이 나오기 때문에 앞의 문장은 동물의 수단과 관계된 말이 와야 옳다.

7 ③

ⓛ 민주주의는 결코 하루아침에 이룩될 수 없는데 이것은 ② 민주주의가 비교적 잘 실현되고 있는 서구 각국의 역사를 돌아보아도 그러하다. ⑭ 민주주의는 정치, 경제, 사회의 제도 자체에서 고루 이루어져야 할 것은 물론, 우리들의 의식 속에서 이루어져야 하기 때문인데 ⓒ 그렇게 본다면 이 땅에서의 민주 제도는 너무나 짧은 역사를 가지고 있다. ⑩ 우리의 의식 또한 확고하게 위임된 책임과 의무를 깊이 깨닫고, 민중의 뜻을 남김없이 수렴하여야 하며 ㉠ 수렴된 의도를 합리적으로 처리해야 할 것이다.

8 ③

다음 글에서는 토의에 대해 정의하고 토의의 종류에는 무엇이 있는지 예시를 들어 설명하고 있으므로 토론에 대해 정의하고 있는 ⓒ은 삭제해도 된다.

9 ④

$$\frac{31-4}{3}=9, \ \frac{50-(5)}{5}=9, \ \frac{72-18}{6}=9,$$
$$\frac{100-28}{8}=9$$

10 ②

등산로 A의 거리를 $a$km, 등산로 B의 거리를 $(a+2)$km 라 하면

$$\frac{a}{2}+\frac{a}{6}=\frac{a+2}{3}+\frac{a+2}{5}$$ 이므로

$a=8$km

∴ 등산로 A와 B의 거리의 합은 18km

11 ③

1억 원을 투자하여 15%의 수익률을 올리므로 수익은 15,000,000원이다. 예상 취급량이 30,000개이므로 15,000,000÷30,000=500(원)이고, 취급원가가 1,500원이므로 목표수입가격은 1,500+500=2,000(원)이 된다.

12 ②

A국 : $(60 \times 15) + (48 \times 37)$
$= 900 + 1,776 = 2,676$만 원
B국 : $(36 \times 15) + (30 \times 35) + (60 \times 2)$
$= 540 + 1,050 + 120 = 1,710$만 원
따라서 $2,676 - 1,710 = 966$만 원
900만 원 초과 1,000만 원 이하가 정답이 된다.

13 ③

2배가 되는 시점을 x주라고 하면,
$(640 + 240x) + (760 + 300x) = 2(1,100 + 220x)$
$540x - 440x = 2,200 - 1,400$, $100x = 800$
$\therefore x = 8$

14 ②

외부인 식권 x, 내부인 식권 y라 하면
$x + y = 14$
$2,000x + 1,200y = 23,200$
$y = 14 - x$
$2,000x - 1,200x + 16,800 = 23,200$
$800x = 6,400$
$x = 8$, $y = 6$

15 ①

A : $20,000,000 + 10(2,000 \times 1,700) = 54,000,000$
D : $35,000,000 + 10(1,000 \times 1,700) = 52,000,000$
따라서 A자동차의 필요경비가 D자동차의 필요경비보다 많다.

16 ③

③ 두 상품을 따로 경매한다면 A는 戊에게 50,000원에, B는 己에게 70,000원에 낙찰되므로 얻는 수입은 120,000원이다.
① 두 상품을 묶어서 경매한다면 최고가 입찰자는 己이다. 己가 낙찰 받는 금액은 110,000원으로 5% 할인을 해 주어도 그 금액이 100,000원이 넘는다. 입찰자는 낙찰가의 총액이 100,000원을 초과할 경우 구매를 포기한다는 조건에 의해 己는 구매를 포기하게 되므로 낙찰자는 丙이 된다.
② 지현이가 얻을 수 있는 예상 수입은 두 상품을 따로 경매할 경우 120,000원, 두 상품을 묶어서 경매할 경우 95,000원으로 동일하지 않다.

17 ⑤

보기의 명제를 대우 명제로 바꾸어 정리하면 다음과 같다.
a. ~인사팀 → 생산팀(~생산팀 → 인사팀)
b. ~기술팀 → ~홍보팀(홍보팀 → 기술팀)
c. 인사팀 → ~비서실(비서실 → ~인사팀)
d. ~비서실 → 홍보팀(~홍보팀 → 비서실)
이를 정리하면 '~생산팀 → 인사팀 → ~비서실 → 홍보팀 → 기술팀'이 성립하고 이것의 대우 명제인 '~기술팀 → ~홍보팀 → 비서실 → ~인사팀 → 생산팀'도 성립하게 된다. 따라서 이에 맞는 결론은 보기 ⑤의 '생산팀을 좋아하지 않는 사람은 기술팀을 좋아한다.' 뿐이다.

18 ②

'so what?' 기법은 "그래서 무엇이지?"하고 자문자답하는 의미로, 눈앞에 있는 정보로부터 의미를 찾아내어, 가치 있는 정보를 이끌어 내는 사고이다. 주어진 상황을 보고 현재의 알 수 있는 것을 진단하는 사고에 그치는 것은 바람직한 'so what?' 기법의 사고라고 할 수 없으며, 무엇인가 의미 있는 메시지를 이끌어 내는 것이 중요하다. 보기 ②와 같이 상황을 망라하여 명확한 주장을 펼치는 사고가 'so what?' 기법의 핵심이라 할 수 있다.

19 ④

글의 내용을 분석해 보면 철이, 돌이, 석이 중 적어도 한 사람은 영이를 좋아한다.

철이가 영이를 좋아한다면 영이는 건강한 여성이다.

돌이가 영이를 좋아한다면 영이는 능력 있는 사람이다.

석이가 영이를 좋아한다면 영이는 원만한 성격의 소유자이다.

① 참

② 참

③ 참

④ 거짓(철이와 돌이가 둘 다 좋아할 수도 있음)

⑤ 참

20 ③

- A : 영어 → 중국어
- B : ~영어 → ~일본어, 일본어 → 영어
- C : 영어 또는 중국어
- D : 일본어 ↔ 중국어
- E : 일본어

㉠ B는 참이고 E는 거짓인 경우

영어와 중국어 중 하나는 반드시 수강한다(C).

영어를 수강할 경우 중국어를 수강(A), 일본어를 수강(D)

중국어를 수강할 경우 일본어를 수강(D), 영어를 수강(E는 거짓이므로) → 중국어도 수강(A)

그러므로 B가 참인 경우 일본어, 중국어, 영어 수강

㉡ B가 거짓이고 E가 참인 경우

일본어를 수강하고 영어를 수강하지 않으므로(E) 반드시 중국어를 수강한다(C)

중국어를 수강하므로 일본어를 수강한다(D)

그러므로 E가 참인 경우 일본어, 중국어 수강

영식이가 반드시 수강할 과목은 일본어, 중국어이다.

21 ③

아르바이트 일수가 갑은 3일, 병은 2일임을 알 수 있다.

무는 갑이나 병이 아르바이트를 하는 날 항상 함께 한다고 했으므로 5일 내내 아르바이트를 하게 된다.

을과 정은 일, 월, 화, 목 4일간 아르바이트를 하게 된다.

① 수요일에는 2명, 나머지 요일에는 4명으로 인원수는 확정된다.

② 갑은 3일, 을은 4일, 병은 2일, 무는 5일 이므로 갑과 을, 병과 정의 아르바이트 일수를 합한 값은 7로 같다.

③ 병에 따라 갑이 아르바이트를 하는 요일이 달라지므로 아르바이트 하는 요일이 확정되는 사람은 세 명이다.

④ 일별 인원수는 4명 또는 2명으로 모두 짝수이다.

⑤ 일요일에는 갑, 을, 정, 무 네 명으로 어느 경우에도 같다.

22 ⑤

사원과 근무부서를 표로 나타내면

배정부서	기획팀	영업팀	총무팀	홍보팀
처음 배정 부서	갑	을	병	정
2번째 배정 부서				
3번째 배정 부서				병

㉠ 규칙 1을 2번째 배정에 적용하고 규칙 2를 3번째 배정에 적용하면

기획팀 ↔ 총무팀 / 영업팀 ↔ 홍보팀이므로

갑 ↔ 병 / 을 ↔ 정

규칙 2까지 적용하면 다음과 같다.

배정부서	기획팀	영업팀	총무팀	홍보팀
처음 배정 부서	갑	을	병	정
2번째 배정 부서	병	정	갑	을
3번째 배정 부서			을	갑

㉡ 규칙 3을 먼저 적용하고 규칙 2를 적용하면

배정부서	기획팀	영업팀	총무팀	홍보팀
처음 배정 부서	갑	을	병	정
2번째 배정 부서	을	갑	병	정
3번째 배정 부서	을	갑	정	병

23 ③

ⓐ A가 참인 경우

E는 무단 투기하는 사람을 못 봤다고 했으므로 E의 말은 거짓이 된다.

A는 B가 참이라고 했으므로 B에 의해 D가 범인이다. 그러나 C는 D가 무단 투기 하지 않았다고 했으므로 C도 거짓이 된다.

거짓말을 한 주민이 C, E 두 명이 되었으므로 D의 말은 참이 된다.

그러나 D는 쓰레기를 무단 투기하는 사람을 세 명이 주민이 보았다고 했는데 A는 본인과 E만 보았다고 했으므로 D는 범인이 될 수 없다.

ⓑ A가 거짓인 경우

A의 말이 거짓이면 B의 말도 모두 거짓이 된다.

거짓말을 한 사람이 A, B이므로 C, D, E는 참말을 한 것이 된다.

C에 의하면 D는 범인이 아니다.

D에 의하면 B는 범인이 아니다.

E에 의하면 A는 범인이 아니다.

그러면 C가 범인이다.

24 ④

조건에 따라 순번을 매겨 높은 순으로 정리하면 BDAEC가 된다.

25 ④

④ 사업부문은 신용사업부문으로 명칭이 변경되어야 한다.

26 ②

제시된 글은 비공식 집단에 대한 설명이다.
②는 공식적 집단에 관한 설명이다.

27 ③

제시된 글은 기획부의 업무에 해당한다.

※ 업무의 종류

ⓐ 총무부 : 주주총회 및 이사회개최 관련 업무, 의전 및 비서업무, 집기비품 및 소모품의 구입과 관리, 사무실 임차 및 관리, 차량 및 통신시설의 운영, 국내외 출장 업무 협조, 복리후생 업무, 법률자문과 소송관리, 사내외 홍보 광고업무

ⓑ 인사부 : 조직기구의 개편 및 조정, 업무분장 및 조정, 인력수급계획 및 관리, 직무 및 정원의 조정 종합, 노사관리, 평가관리, 상벌관리, 인사발령, 교육체계 수립 및 관리, 임금제도, 복리후생제도 및 지원업무, 복무관리, 퇴직관리

ⓒ 기획부 : 경영계획 및 전략 수립, 전사기획업무 종합 및 조정, 중장기 사업계획의 종합 및 조정, 경영정보 조사 및 기획보고, 경영진단업무, 종합예산수립 및 실적관리, 단기사업계획 종합 및 조정, 사업계획, 손익추정, 실적관리 및 분석

ⓓ 회계부 : 회계제도의 유지 및 관리, 재무상태 및 경영실적 보고, 결산 관련 업무, 재무제표 분석 및 보고, 법인세, 부가가치세, 국세 지방세 업무자문 및 지원, 보험가입 및 보상업무, 고정자산 관련 업무

ⓔ 영업부 : 판매 계획, 판매예산의 편성, 시장조사, 광고 선전, 견적 및 계약, 제조지시서의 발행, 외상매출금의 청구 및 회수, 제품의 재고 조절, 거래처로부터의 불만처리, 제품의 애프터서비스, 판매원가 및 판매가격의 조사 검토

28 ⑤

레드오션은 경쟁을 목표로 하고, 존재하는 소비자와 현존하는 시장에 초점(시장경쟁전략)을 맞춘 반면, 블루오션은 비 고객에게 초점(시장창조전략)을 맞추고 새로운 수요를 창출하고자 한다.

29 ③

조직문화란 조직구성원들 간에 공유하게 되는 생활양식이나 가치를 말한다. 이는 조직구성원들의 사고와 행동에 영향을 미치며 일체감과 정체성을 부여하고 조직이 안정적으로 유지되게 한다.

30 ④

경조사비는 접대비에 해당하므로 접대비지출품의서나 지출결의서를 작성하고 30만 원을 초과하였으므로 결재권자는 대표이사에게 있다. 또한 누구에게도 전결되지 않았다.

31 ④

거래처 식대이므로 접대비지출품의서나 지출결의서를 작성하고 30만 원 이하이므로 최종 결재는 본부장이 한다. 본부장이 최종 결재를 하고 본부장 란에는 전결을 표시한다.

32 ⑤

오 대리가 들러야 하는 조직과 업무 내용은 다음과 같이 정리할 수 있다.
보고 서류 전달 – 비서실
계약서 검토 확인 – 법무팀
배차 현황 확인 – 총무팀
통관 작업 확인 – 물류팀

33 ①

중국의 경우 찻잔은 반만 채워야 한다. 반대로 찻잔과는 다르게 중국에서 술을 따를 시에는 술잔 가득히 따라야 존경을 의미하므로 되도록 가득 따르는 것이 좋다. 하지만, 차를 따를 시에는 반대로 가득 채우는 것이 사람을 업신여기는 의미가 되므로 잔의 반만 채우는 것이 예의이다.

34 ④

성공적으로 운영되는 팀은 의견의 불일치를 바로바로 해소하고 방해요소를 미리 없애 혼란의 내분을 방지한다.

35 ②

양질의 의사결정을 내리기 위해 단편적인 질문이 아니라 여러 질문을 고려해야 한다.

36 ④

동기부여 방법
㉠ 긍정적 강화법을 활용한다.
㉡ 새로운 도전의 기회를 부여한다.
㉢ 창의적인 문제해결법을 찾는다.
㉣ 책임감으로 철저히 무장한다.
㉤ 몇 가지 코칭을 한다.
㉥ 변화를 두려워하지 않는다.
㉦ 지속적으로 교육한다.

37 ④

㉣ 제한된 정책과 절차는 조직 차원의 장애요인으로 들어가야 하는 부분이다.

38 ①

다. 과정과 방법이 아닌 결과에 초점을 맞추어야 한다.
마. 개인의 강점과 능력을 최대한 활용하여야 한다.
바. 팀원 간에 리더십 역할을 공유하며 리더로서의 능력을 발휘할 기회를 제공하여야 한다.
아. 직접적이고 솔직한 대화, 조언 등을 통해 개방적인 의사소통을 하며 상대방의 아이디어를 적극 활용하여야 한다.
※ 효과적인 팀의 핵심적인 특징으로는 다음과 같은 것들이 있다.
㉠ 팀의 사명과 목표를 명확하게 기술한다.
㉡ 창조적으로 운영된다.
㉢ 결과에 초점을 맞춘다.
㉣ 역할과 책임을 명료화시킨다.
㉤ 조직화가 잘 되어 있다.
㉥ 개인의 강점을 활용한다.
㉦ 리더십 역량을 공유하며 구성원 상호 간에 지원을 아끼지 않는다.
㉧ 팀 풍토를 발전시킨다.
㉨ 의견의 불일치를 건설적으로 해결한다.
㉩ 개방적으로 의사소통한다.
㉪ 객관적인 결정을 내린다.
㉫ 팀 자체의 효과성을 평가한다.

39 ①

갈등을 성공적으로 해결하기 위한 방안의 하나로, 내성적이거나 자신을 표현하는 데 서투른 팀원을 격려해주는 것이 중요하며, 이해된 부분을 검토하고 누가 옳고 그른지에 대해 논쟁하는 일은 피하는 것이 좋다.

40 ①

멤버십 유형을 마인드를 나타내는 독립적 사고 축과 행동을 나타내는 적극적 실천 축으로 구분해 보면 다음과 같다.

구분	소외형	순응형	실무형	수동형
자아상	• 자립적인 사람 • 일부러 반대 의견 제시 • 조직의 양심	• 기쁜 마음으로 과업 수행 • 팀플레이를 함 • 리더나 조직을 믿고 헌신함	• 조직의 운영 방침에 민감 • 사건을 균형 잡힌 시각으로 봄 • 규정과 규칙에 따라 행동함	• 판단, 사고를 리더에 의존 • 지시가 있어야 행동
동료/ 리더의 시각	• 냉소적 • 부정적 • 고집이 셈	• 아이디어가 없음 • 인기 없는 일은 하지 않음 • 조직을 위해 자신과 가족의 요구를 양보함	• 개인의 이익을 극대화하기 위한 흥정에 능함 • 적당한 열의와 평범한 수완으로 업무 수행	• 하는 일이 없음 • 제 몫을 하지 못함 • 업무 수행에는 감독이 반드시 필요
조직에 대한 자신의 느낌	• 자신을 인정 안 해줌 • 적절한 보상이 없음 • 불공정하고 문제가 있음	• 기존 질서를 따르는 것이 중요 • 리더의 의견을 거스르는 것은 어려운 일임 • 획일적인 태도 행동에 익숙함	• 규정준수를 강조 • 명령과 계획의 빈번한 변경 • 리더와 부하 간의 비인간적 풍토	• 조직이 나의 아이디어를 원치 않음 • 노력과 공헌을 해도 아무 소용이 없음 • 리더는 항상 자기 마음대로 함

따라서 '정'을 제외한 나머지 인물들은 순응형의 멤버십을 지녔다고 볼 수 있으며, '정'은 실무형의 멤버십 유형으로 구분할 수 있다.